广东省科技计划项目"华南技术转移中心建设（第一期、二期、三期）"
"广东创新驱动战略决策新型智库建设"（2017B070703005）成果

企业创新管理工具丛书

企业创新管理
人才培养指南

李奎　陈欣怡　赖培源　叶世兵　编著

机械工业出版社
China Machine Press

图书在版编目（CIP）数据

企业创新管理人才培养指南 / 李奎等编著 . —北京：机械工业出版社，2022.9
（企业创新管理工具丛书）
ISBN 978-7-111-71620-4

I.①企… II.①李… III.①企业管理 – 人才培养 – 指南 IV.① F272.92-62

中国版本图书馆 CIP 数据核字（2022）第 174291 号

企业创新管理人才培养指南

出版发行：机械工业出版社（北京市西城区百万庄大街 22 号　邮政编码：100037）
责任编辑：李晓敏　马新娟　　　　　　　　　　　责任校对：贾海霞　李　婷
印　　刷：北京铭成印刷有限公司　　　　　　　　版　　次：2023 年 1 月第 1 版第 1 次印刷
开　　本：170mm×230mm　1/16　　　　　　　　印　　张：11.25
书　　号：ISBN 978-7-111-71620-4　　　　　　　定　　价：50.00 元

客服电话：（010）88361066　68326294

企业创新管理工具丛书编委会

► 前　言 ◄

　　当前科技竞争日渐激烈，大量科技型企业在激烈的国内外竞争中逐渐崛起，但随之而来的是科技型人才资源的紧缺性问题日益突出。面对"人才资源"时代，谁能掌握高质量人才队伍，谁就能进一步主导市场、抢占先机。

　　在科技创新活动中，科技管理人员是企业创造、保持高竞争力的重要助力。一方面，科技管理人员参与监督协调，把握项目进程，通过资源优化配置促进项目高效落地；另一方面，科技管理人员掌握前沿资讯，能够预测科技发展动向，能够为企业长远的战略布局出谋划策，减少不确定性风险。由于面临着迫切的人才稀缺问题，如何加强科技管理人才队伍的建设成为高校、企业乃至整个社会共同关注的重点。

　　目前，我国在科技管理工作人才队伍建设方面已初见体系，科技管理人员的培养离不开高校、企业和自我培养的三方协同作用。高校培养作为预备阶段，能为科技管理人员的职业发展奠定基础，如设置科技管理专业，引入科技企业实习机会，等等。企业培养处于实战阶段，该阶段不断完善科技管理人员知识体系并构建其管理能力，如设置项目申报岗位、科技管理岗位、科研助理岗位等，培养业务型人才。自我培养是在日常工作学习中不断提升相应能力，在实践中深化对科技管理工作的认知，并形成个人独到的对岗位、对团队、对行业的理解，自我培养贯穿科技管理人员职业成长的始终。

本书从科技管理人才自我培养角度出发，引入胜任力冰山模型，结合企业科技创新管理活动特点，构建出科技管理人员胜任力模型。科技管理人员胜任力模型有三个维度，包括知识、能力、意识。同时，各维度有着丰富的内涵，包含专业研究能力、全面作战能力、快速反应能力、沟通协调能力、团队协作能力、知识管理能力、创新能力等七项细化指标，为科技管理人员实现自我发展指明道路和制定目标。

本书的编写、审校、统筹工作由李奎、陈欣怡、赖培源、叶世兵共同负责，力求能为科技管理人员提供职业发展的理论依据与实践指导，希望能为高校科研院所、科技型企业、政府科技部门、科技服务中介机构，以及其他有志于从事或了解科技管理人才培养相关工作的人士等提供较为全面、系统的实操指南。但由于科技创新活动仍处于不断发展变化之中，同时又受编者水平限制，书中难免有疏漏之处，期待和感谢广大读者及专家的批评与指正。

编者

2022 年 7 月

► 目 录 ◄

第 1 章

企业科技管理

在知识经济时代，企业内外部竞争环境不断涌现出新的变化，创新作为企业不断发展壮大的强大动力，培养创新能力就是在培养企业的核心竞争力，科技型企业尤其要重视创新能力的培养。

创新包含的内容十分丰富，创新实践较为复杂，具有一定的风险。为避免创新过程中资源过度消耗和创新成果实际利用效率低下，规避创新实践中的一些风险，企业科技管理岗位应运而生。企业科技管理是科技创新的重要保障。

1.1 企业科技管理概述

科技作为推动企业发展的第一生产力，也是企业的核心竞争力。企业的发展壮大离不开自身技术能力的不断提升，企业要在激烈的市场竞争中赢得一席之地更是离不开科技创新能力。因此，企业可以结合自身情况和未来规划，制定发展路线，坚持科学组织管理原则，不断规范企业各项技术活动，进一步发挥科技管理工作对企业科技业务和企业研发活动的支撑作用，规避风险，打造核心竞争优势。

1.1.1 企业科技管理的内涵

企业科技管理是指依据科学技术工作规律，运用现代管理手段，组织和统筹管理企业科技活动，对企业的科学研究和技术活动进行计划、组织、协调、控制和激励等方面的管理工作。实践企业科技管理的宗旨在于统筹规划企业内外部的科技资源，合理组织研究与发展活动（research and development，R&D），建立科学有效的生产秩序，将最新的科技成果转化为实际生产力，从而提高企业的技术核心竞争力和经济效益。宏观上，企业科技管理包括研发部门的配套设施、企业技术研发战略、企业技术研发规划等。微观上，企业科技管理包括研发项目立项和组织实施、技术开发和转移、成果管理和推广等科技创新活动，以及科技经费管理、人事管理、物资调配、情报搜集等项目管理活动。

联合国教科文组织对研究与发展活动做出过定义，大致可分三大类：

（1）基础研究。开展理论研究或实验，侧重于发现事物的发展规律和运动规律，探索和揭示客观事物的本质，并通过获得新发现和新观点，不断对目前已有的科研成果（包括物质规律、科学发现、理论学说等）做出最新补充。以科学论文、学术著作等呈现基础研究最终的成果。

（2）应用研究。应用研究是在基础研究的成果基础之上所开展的进一步研究探索，具有如下特性。一是明确性，即通过确定特定的研究目标，使研发活动的开展具有十分明确的指向。二是实用性，即进一步探索基础研究成果是否存在实用化的可能，进而提高基础研究成果的转化效率。三是独创性，即探索新方法或新原理，对目前已经采用的应用方法探寻更高效的应用途径。主要是以科学论文、科学著作、原理性模型和专利等呈现应用研究的成果。

（3）试验发展。在基础研究和应用研究的成果基础之上，结合自身实际科研经验，充分利用现有知识，开发新材料、新产品和新装置，建立新服务、新工艺和新系统，以及对已开发和建立的上述各项进行实质性的改进。主要是以新产品或新技术原型、试验报告、设计定型的新产品或新工艺等来呈现试验发展的成果。

本书采用的研究与发展活动的定义，主要是指致力于增加科学技术知识，并将该知识应用于新产品和生产资料的创造以及现有产品和生产过程的改善的活动。

通常，研发经费投入越多、占营收比例越高，经济效益增长越快。大型企业都会投入大量精力和经费在R&D上。比如，华为极其重视研发机构建设和自主知识产权的产出，分别在北京、上海、南京、杭州等地设立了上千人的研究院，投入大量经费在新兴技术的研发上，而鸿蒙系统的问世及广泛应用，验证了投入 R&D 活动能够带来经济效益的增长。

　　企业科技管理的主体是科技管理人员，即企业科技项目团队中负责项目管理的专员。企业科技管理的客体主要为科技创新活动，需要通过人力、财力、物力等资源的集聚与科学规划，在限定的时间内，朝着明确的目标努力，并最终促成技术产出。企业科技管理实质上是实现企业科技目标的过程，在技术迭代升级中创造社会价值，并实现企业营收增长。

1.1.2　企业科技创新活动

　　约瑟夫·熊彼特最早提出创新理论，1939 年他在《商业周刊》上系统地阐明了他是如何看待创新活动的。他提出，创新是"采用前所未有的方式，将生产要素进行重新组合，并不断引入现有的生产体系之中"。他也明确指出，技术创新是一个过程，而不仅仅是结果。

1. 企业科技创新的内涵

　　经过将近一个世纪，科技创新发展得如火如荼。人们探索自然规律，发现自然奥秘，在科技领域创造和创新知识，并将研究成果应用于生产实践之中，不断提高生产效率，推动科技逐渐转化为现实生产力和先进生产力。

　　科技创新有着丰富的内涵，从广义上说，是科技创新发现和发明，并将创新成果落地转化，不断优化生产方式，促进社会生产力发展的活动。从狭义上说，科技创新是企业自主研发、应用新技术发明的全过程，实质上是以市场为导向，并受经济利益驱使，将技术与经济有机结合，涵盖对产品设备、生产工艺和生产管理流程等开展的创新活动。

2. 企业科技创新的内容

◀▪ 案例 1-1 ▪▶

微软公司加快实施企业技术创新

　　作为世界知名的超级企业，进入 21 世纪以来，微软公司不断加快核心技术创新步伐，以求在竞争激烈、日新月异的技术市场拔得头筹，牢牢占据一方，不仅守住自己固有的市场份额，还不断拓展新的市场。创始人比尔·盖茨认为，企业技术持续创新能力和核心技术竞争力，是自身能力的边防要塞和护城河，将决定企业未来命运。如果企业能够向顾客提供质高价优的产品，自然会赢得消费市场的青睐，逐渐领先竞争对手并拉开竞争差距。但是，要想获得这样的竞争优势，企业需要有敏锐的市场眼光和嗅觉，能够迅速捕捉到瞬息万变的市场信息，拥有获取最新信息的多种渠道和快速、准确、及时处理信息的能力，同时能将其转化为决策依据，具备灵活调整经营策略和快速应变的能力。微软公司捕捉到 IT 产业产品服务周期为 18 个月，借力发力，以"18 个月后微软将倒闭"这类活动鞭策企业加速产品和技术的创新，打造高质量、高科技含量的技术平台产品，逐步在市场站稳脚跟并处于领先地位，如今依然难以撼动。现在，科技企业间仍流传着微软公司技术创新速度的神话。

现代工业企业发展的显著特点是，抓住时代发展潮流，紧跟前沿技术和科研理论，不断进行自主技术革新和创新，持续提升企业科技优势和核心竞争力，获得相对优势。基于创新活动全链条分析，技术活动的开展离不开物质载体，可以将企业技术创新分为要素创新、要素组合方法创新、产品创新等三个方面。

（1）要素创新。企业生产过程实际上是劳动者改变劳动对象的物理形式和化学性质的过程，包含生产材料、生产设备以及企业员工三类关键要素。

1）生产材料创新：包括寻找新材料来源，提升开发利用廉价普通材料的效率和创新材料使用方式及用途等，从而减少稀缺昂贵材料的用量，在降低生产成本的同时，提高产品质量和性能。

2）生产设备创新：一是通过大量引进新设备，减少人工劳动占比，不断实现生产作业流程的机械化水平和提高自动化程度；二是通过应用最新科技成果，革新现有设备或取代陈旧过时设备，不断提高企业生产效率。

3）企业员工创新：尽管生产设备创新减少了人工劳动占比，但是整个生产过程还是离不开人。企业在增加新设备时需要依靠人来操作，使用新材料时需要不断提高工作人员素质，规范合理使用。尤其在整个生产活动和技术活动过程中，更是需要提高人的管理水平，才能真正提高生产效率。

（2）要素组合方法创新。要素组合主要涉及生产工艺和生产过程两个方面。生产工艺，包括工艺过程、工艺配方和相关技术参数等，是劳动者加工劳动对象的手段和方法。生产过程，包括设备、在制品以及劳动力等生产要素的合理配置和最佳组合。

（3）产品创新。相较于其他创新，产品创新是企业更为关注的内容，也是所有创新的最终成果展现形式，离不开要素及其组合的创新，需要不同要素之间相互影响和相互促进。产品创新往往要求企业利用新材料、新设备、新工艺，为产品创新提供优越的物质条件；通过创新劳动手段和相应的组织管理方法，不断提高生产效率。

产品创新主要包括品种创新和结构创新。品种创新要求企业持续捕捉市场需求，从中分析得出消费者偏好发生的转移和变化，及时调整企业经营策略和生产计划，不断研发出适销对路的产品。结构创新则是在不改变原有产品基本性能的基础上，分析梳理更合理、更具市场竞争力的产品结构，进而对产品进行改良改造，不断降低生产成本和完善产品性能，向市场推出消费者满意的、反响大的产品，不断提升企业的市场竞争力。

3. 企业科技创新活动的特点

科技创新活动极具探索性和创造性，对企业发展壮大有着重大影响力，具有以下特点：

（1）复杂性。它体现在科技创新工作难以直接量化，工作流程和步骤无法事先确定，失败风险难以提前预知，工作绩效量化评估难度大，并且通常是团队作战，个人绩效难以量化考核。

（2）高压性。它体现在创新活动要求科技创新团队成员时刻处于思考处理问题的积极状态中。为保证项目顺利实施，加班加点在所难免，整体工作节奏多变、强度大。科技创新需要厚积才能薄发，不是一朝一夕能够实现的。在创新成果落地之前，需要完成大量的基础工作，包括阅读文献、试验研究等。同时，科技创新活动进度计划需要根据实情动态调整，烦琐的跨部门沟通、对研究基础的反复验证思考，会导致工作强度大，员工势必要承受高强度的精神压力。

（3）高知识性。科技创新依赖于技术创新团队利用已掌握的知识和所需知识，进行加工处理、再创造和传播，属于智慧性的劳动，以创新技术的实现作为劳动成果的体现。

（4）高风险性。科技创新过程处处隐藏风险，如管理失误诱发创新失败的风险；技术创新项目本身技术不成熟、不完善、先进性不足导致可替代技术出现的风险；资金链断裂导致技术创新活动被迫中止的风险；等等。

1.1.3　影响企业科技创新的要素

企业科技创新活动主要受企业外部要素和企业内部要素影响。外部要素主要从经济环境、政治环境、法律环境、技术环境等方面对企业科技创新产生间接影响，内部要素对企业科技创新产生直接作用。

1. 外部要素

（1）经济环境。企业科技创新活动的开展离不开大量资金的投入，资金不足会给科技创新带来重重阻力。外部要素中的经济环境指的是金融环境，金融市场的活跃度和规范化程度决定着一项技术是否能顺利从思想萌芽、技术研发顺利过渡到市场化。技术研发过程中的每个环节都需要庞大的资金支持，因此融资成为中小型企业发展过程中不可避免的一道坎。美国硅谷之所以能成为世界创新高地，健全完善的金融环境功不可没。

（2）政治环境。政治环境主要指国家政策方针。政策具有积极的导向作用，通常表现为政府通过采取不同手段加大对企业创新的扶持力度，如政策倾斜、税收减免、人才奖励、资金支持、服务供给等多重政策优惠。良好的政治环境，一方面将极大地鼓舞科技型企业以及相关从业人员从事科创活动，另一方面将为科技行业提供更多的资源和资源集聚渠道，为行业发展打造有利环境。

（3）法律环境。法律能调整人与人之间的社会关系，能平衡权利与义务的关系。法律环境的营造需要健全完善的法律制度，需要国家不断平衡权利与义务的关系，进而规范行业发展。一方面要明确权利与义务的关系，坚决制裁触犯法律条款的技术创新行为，确保行业健康发展，另一方面国家逐步完善的法律会带给企业和技术创新者安全感，鼓励企业和技术创新者在法律范围内大胆创新。

（4）技术环境。它指的是技术供求关系现状，以及社会对技术的普遍认知水平。良好的技术环境，即技术供求关系达到相对平衡，有足够的人才和技术储备来满足技术产业化需求，而技术产业化的能力也能够适应技术的快速迭代。社会对技术的普遍认知水平会影响科技型企业和技术人员的社会地位，在技术认知水平偏高的环境中，技术革新和技术创造成果将更容易得到社会的支持，也就更容易实现盈利。

2. 内部要素

（1）管理。企业科技创新活动具有明显的系统性特点，是一项庞大工程。在多数情况下，一个研发任务需要拆解成多个子任务，并由不同的职能部门协作完成，因此需要对创新活动安排专人进行管理，确保任务顺利开展。先进的科研管理制度和合理的组织架构将有效推动科技创新，让科技创新人才在制度中受益，让科研成果可规划、可预见。相反，落后的管理机制将制约科技创新活动的有效开展，限制科技创新人才的能力发挥。

（2）生产。企业科技创新管理旨在不断统筹有限资源，得到资源的最优配置，实现科研成果快速产出，加速实现技术市场化。技术成果只有投入与运用到生产活动中，转化为现实生产力，才能提高企业的竞争力。而这离不开生产与技术的协调，即生产的能力能够跟上技术产出速度，技术发明创造速度也能跟上社会生产需求。因此，企业需要同步发展生产能力与创新能力，两者缺一不可。

（3）文化。企业文化将影响每个员工的工作态度，创新文化能让创新融入企业的血液中，使企业不满足于当前的技术成就和市场规模，创造创新文化氛围，鼓励员工大胆发挥想象力，不安于现状，勇敢地踏出"舒适区"，争做时代先锋。

（4）资源。它指的是企业开展科技创新活动所需资源，包括充裕的研发资金、较为先进的科研设备和充足的人才储备等。我国虽然处于科技创新的井喷期，但是资金缺乏、高级科研设备较依赖进口、专业人才相对匮乏等问题依旧严峻。正如"巧妇难为无米之炊"，缺乏资源，会严重阻碍企业开展科技创新活动。

1.1.4 科技创新活动的组织管理

科技创新实际上涉及科技和经济"两张皮"如何融合的问题。企业希望通过开展科技创新活动，得到更丰厚的利润回报，促进企业不断发展壮大。在研发活动中，企业通过改革传统技术和创造新的技术，能够拥有自主知识产权、提高自身竞争力、巩固企业已有的核心技术优势、促进企业产品的创新，有助于企业开拓新市场，实现市场创新。因此，企业很有必要重视在科技创新活动中加强组织管理。

（1）进行科学的计划管理。在正式启动和开展科研活动前，企业需要制订合理的科技创新活动计划。在这期间，企业应当进行广泛的摸底调查，从而全面规划和防范风险。企业进行摸底调查不仅要做好国内外同行竞品（包括现有产品、生产工艺、生产设备等方面）调研，而且要掌握最新科学技术发展趋势，抓住最新的前沿动态，还要认真收集相关科研成果运用和技术市场化的进展信息，进一步评估科技创新活动计划的可行性和市场潜力，以及评估分析自身产品技术的优劣势。需要提醒企业注意的是，在制订科技创新活动计划时，应兼顾企业现有的主客观条件，进行综合评估，同时顾及短期效益和长期效益，留有转圜空间，允许针对突发事件做出灵活调整。

（2）建立技术研发部门。科技创新虽然开展的是技术活动，但是受市场的驱使。国内外实践证明，技术与生产结合越紧密，越有利于创新。因此，很多国内外大公司都会设立科研部门，采集实际生产需求和市场需求，开展相应的研发活动，使企业保持强劲的科技创新能力。比如美国电话电报公司设立贝尔实验室，海尔和华为建立技术研发机构，等等。在日本，大概有 1.77 万家企业会设立自己的研究开发机构。

（3）完善科技创新激励机制。科技创新是以人为核心，只有科研人员充满激情地从事科研活动，才能保持科研活动健康持续开展。但是科技创新活动链条长，环节多，充满着不确定性和不稳定性因素，且从投入到效益产出的周期长，一定程度上会不断削弱积极性。因此，需要建立相应的激励机制，为企业和员工提供源源不断的创新动力。整个激励机制要求建立完整体系，包括国家、各级政府职能部门和机构对企业的创新激励机制，企业内部设立的员工创新激励机制等。

当前，科技创新激励的方式多种多样。从企业外部激励来说，可以借助市场力量、政府支持政策、确立科技创新主体与科技创新成果之间的产权关系等方式加大对企业科技创新的激励。从企业内部激励来说，包括物质激励、精神激励、参与激励和机会激励等。激励机制运行应当遵循以下原则：第一，企业应满足参与主体的需求，这就需要明确员工基本需求，挖掘员工核心需求，并给予相应的激励，这样才能让激励机制更好地激发人们创新的积极性，让其成为一股原始动力。第二，同时给予物质激励和精神激励，二者缺一不可，这样才能产生叠加效应。第三，在企业内部营造鼓励创新的良好热烈氛围和工作环境，让科技创新逐渐演变为科研人员的潜意识。第四，企业鼓励员工竞争的同时，也鼓励互利合作，实现共赢。

（4）提高科创资源使用效率。科技创新是市场、技术、资金、生产等各环节相互影响、相互促进的系统性工程，通过收集整理现有资源，包括已有的科创成果、人才资源、资金资源、生产资源、市场资源，来对其进行优化配置。因此，要想提高资源使用效率，就需要重视技术与市场的有机结合，将研发活动和市场拓展相结合。新技术的发明及应用可以提升企业和行业的效率，助力企业在日益复杂的创新环境中不断明确并形成自身优势，在科研活动中不断优化调整现有组织架构、技术框架和产品系列，进而促进各项资源的优化配置，以及市场、技术、人才、资金等资源的重组。这样，企业经营管理的各环节就能够紧密衔接、相互配合，形成一个有机整体。

1.1.5 企业创新项目管理的过程

1. 第一阶段：构造创新愿景

企业在创新活动部署过程中，可以通过构造愿景来使项目组成员就目标达成共识，提升成员的使命感，从而使整个团队能够朝着共同目标前进，实现个人价值和社会效益。企业需要帮成员构造创新愿景，并激励所有团队成员朝着同一个目标不懈地努力。

2. 第二阶段：制订详细计划

企业创新管理人员需要综合分析内外部环境，既包括经济、政治、文化、社会制度、技术等宏观外部环境，又包括公司管理、营销、财务、生产和研发等微观内部环境。然后，根据现有资源制订详细计划，具体涵盖各阶段的目标、资源的有效配置、时间节点、项目负责人等，计划越详细越能为日后项目执行提供越具体的行动指导。通常，本阶段会对企业的科技创新项目做出中长期安排，并按照计划确定阶段性目标。

3. 第三阶段：项目运作

这是对第二阶段项目计划的执行。该阶段需要搭建项目高效运营的生态系统，纳入组织、制度、资金、文化、人员等要素，同时推行以鼓励创新和激励创新为中心的高质量管理。项目运作是创新项目管理过程中的核心阶段，对这个阶段的把控将决定项目能否如期交付，项目结果能否达到预期。同时，需要阶段性评估项目运作是否合理和进度如何，确保每个阶段性目标都能如期实现。

本阶段可以划分为"创新思维迸发""研发设计""生产制造""商业化"四个步骤。"创新思维迸发"是指科技创新团队按照上一阶段制订的计划，对创新项目进行评估和判断，厘清项目需求和成果要求，进行头脑风暴，拟定详细的项目执行计划。"研发设计"是指按照计划执行研发和设计任务，可根据实际需求重新讨论修改原计划。对于没有前景的项目，也会在这个阶段终止。"生产制造"是指将研发设计成果进行批量生产。"商业化"是指为项目成果制订商业化落地方案，后两个步骤往往同时进行。通常本阶段会产生大量创新失败的产品，企业会在这一阶段处于高风险期。

4. 第四阶段：研发成果评估与考核

一个计划周期结束后，企业需要开展研发成果评估与考核。企业的内外部环境在不断改变，因此科技创新团队需要定期评估和反思目前形势，以帮助企业根据环境的变化及时做出调整。评估与考核应该全方位开展，既有过程评估、结果评估，也有对人员配置合理性、成本控制有效性和生产可行性等多层面评估。每一次评估后，企业创新管理人员都应总结经验教训，为企业下阶段任务的开展提供指导。

◀••案例 1-2 ••▶

　　丹麦玩具公司乐高创立于 1932 年，自创立之日起，乐高从未停止过创新。20 世纪 90 年代，在视频游戏和智能电子设备大放异彩时，乐高通过调查儿童玩具市场发展现状，发现 2/3 的儿童宁愿玩游戏机之类的玩具，也不愿玩积木建筑玩具。乐高专家团和顾问提出，数码世界将取代塑料方块玩具的世界，乐高必须求变。为此，乐高在 20 世纪 90 年代实施了激进的创新战略，同时布局软件、生活产品、媒体、女孩玩具等数项新业务。然而，乐高没有能力支撑多项业务同步开展，甚至因此疲于奔命，连安身立命之本——乐高积木，都顾不上更新发展。

　　2004 年，34 岁的麦肯锡前顾问约恩·维格·克努德斯道普被委以为乐高设计企业转型战略的重任。在全面梳理公司业务后，克努德斯道普所带领的乐高管理层发现，公司主要的收益来源其实还是核心产品——乐高的经典积木产品。于是，管理层当即决定回归积木产品，并集中资源，削减与积木不相关的产品系列，把科研活动和创新资源集中在提升乐高积木产品的客户体验上。很快，这一战略决策就取得了积极成效。2007—2012 年，尽管智能电子设备备受欢迎，在消费市场大为流行，但乐高还是取得了年均 22% 的增长佳绩。

　　乐高是如何实现创新管理的呢？

　　首先，乐高在深陷危机的几年中没有财政监督，无法追踪产品的收益状况，进行财务预测的能力也欠缺。克努德斯道普上任后，为新产品设计制定了市场收益目标。如果产品不能够实现收益目标，那么将无法进入市场。

　　其次，开展创新活动前，团队各方需要达成共识，避免出现收益和成本无法达到均衡点。因此，乐高为每个产品的研发都配置了三个经理，分别负责设计、市场营销和生产等事务。在研发阶段，不同部门站在自己的立场，提供自己的考虑和反馈，然后结合意见，不断设计和改进模型，最终三个经理带领各自的核心团队进行研讨，并一起决定产品的各个细节，包括元素、颜色、包装等。换言之，产品是在三个不同部门达成共识的情况下设计而成的，因此，很好地规避了设计师设计完后市场经理说卖不了、生产经理说技术实现不了的情况。这样的机制设计，更不会出现进入产品开发后期才发现盈利无法覆盖成本的窘境。

1.2 实现企业科技创新管理

科研过程充满不确定性、多阶段性和复杂性。企业科技管理需要采取科学的手段，能有效避免研发过程的风险超出控制范围，通过科学规划，确保科技创新活动按计划、按步骤、按进度开展。企业创新管理是一个系统性工程，体现在科技创新的战略管理、过程管理、要素管理（包括组织、制度、技术、人才、资金等要素的管理）、决策管理、新产品开发管理、工艺流程管理和知识产权管理等方面。

1.2.1 企业科技创新管理的意义

1. 提高企业风险防范能力

现在科技型企业都有独立的研发部门，但鲜少设立知识产权部门专门服务于公司知识产权管理和政府项目申请，委托中介成为最直接、最便捷的选择。然而，委托中介也存在风险，因为知识产权涉及公司技术机密和战略，若不慎泄露，则会造成致命性打击。此外，不靠谱的中介胡乱收费，提各种不合理要求的情况不胜枚举。因此，设立专门的科技创新管理部门或者科技创新管理岗位将极大地降低技术泄密风险，毕竟公司内部员工更值得信赖。

2. 提高企业获政府资助的可能性

企业科技创新管理活动开展前，需要对企业内外部环境有充分的认识。因此，企业科技创新管理人员需要深入了解公司当前的科技导向、发展痛点和需求点，帮助企业寻求外部支持，如申报政府资助项目等技术资金重要来源，只有在对政策充分解读、对公司情况充分了解和对技术全面把控的基础上，才有获得资助的可能。

3. 提高企业科技项目管理能力

企业科技创新活动是一种具有创造性和充满不确定性的价值创造活动，本身具有较大风险，这导致许多企业在高风险项目面前望而却步。实际上，高效率的科技项目管理能帮助企业降低技术研发风险。科技项目的集中管理，有助于整理出一套适合公司发展情况的项目管理模式，为企业发展问题进行把脉诊断。根据技术发展规律和创新活动规律，对复杂的、不确定的科技创新活动进行管理，有利于防控风险和生产出更多满足企业预期的科技创新成果。

1.2.2　企业科技创新管理的作用

当前，我国科技创新总量在不断攀升，规模在持续壮大，同时结构布局在不断优化，整体素质和创新能力有明显提升，科技论文、发明专利、成果转化等科技成就显著，在基础研究和原始创新方面取得了具有世界影响力的重大科技成果，在战略高技术领域和国民经济社会发展主要领域的科技支撑方面也做出了突出贡献，推动我国加快向创新型国家前列和世界科技强国目标靠近。

尽管我国企业在创新研发投入和专利申请数量上逐年提高，但是由于我国企业基数大，与发达国家相比，整体创新能力仍然薄弱，大多处于全球价值链中低端，具有自主知识产权的核心技术不足，产业核心技术对外依存度仍不低，高技术面临国外"卡脖子"威胁，这导致我国科技创新活动开展举步维艰，企业在全球市场竞争中容易处于被动地位，掣肘发展的情形屡见不鲜。企业要想实现破局，改变现状，就应不断支持科技创新活动的大力开展，探索科技创新规律，提高我国的整体科技创新实力。

1. 技术创新的宏观作用

（1）有助于积极配合科技强国战略的实施。面对我国发展不充分不平衡、外部环境竞争日益激烈的问题，国家出台了一系列举措，积极引导全社会重视科技创新活动。科技创新活动是国家创新体系的重要支撑力量，企业作为科技创新活动最活跃的主体，其技术创新水平和能力直接关系到科技强国战略能否顺利实施。

（2）有助于我国产业结构转型优化升级。一方面，我国面临着传统产业产能过剩、市场空间不断压缩、科技创新后劲不足等问题，传统产业产能供过于求，行业利润不断被压缩，产品结构和产业结构都亟须革新升级。另一方面，我国又面对着来自发达国家的竞争，技术被取代的风险和压力不断增加。为此，国家已及时顺应形势发展，调整产业结构，发展战略新兴产业，淘汰夕阳产业，或是通过技术更新换代，重新让产业焕发活力。国家鼓励和支持企业开展研发活动，积极创新。毕竟，在内外部环境压力下，企业只有持续创新产品和技术，不断地为企业注入活力，才能长久赢得市场青睐。企业更要主动出击，带着批判的眼光，不断审视和研判产品，并查漏补缺和更新换代。企业只有不断提升科技创新能力，创新创优核心技术，优化升级产品结构，持续保持核心竞争力，才能推动国家产业结构进一步调整提升。

（3）有助于核心领域关键技术攻关。长久以来，我国企业主要是通过引进国外先进的技术与设备来革新技术和提升生产力。但是，多数企业并不注重消化吸收和再创新，只是停留在浅层的引用，没有掌握核心技术，也逐步丧失本就薄弱的科研能力，导致产业发展步伐和节奏一直滞后于西方发达国家。如今，部分发达国家开始限制关键技术出口，加大知识产权的保护力度，我国技术发展已出现"卡脖子"困境，即难以突破来自西方发达国家在某些方面的技术封锁困境。在这种情况下，我国更应加大对基础领域的研究，发展自身核心技术，掌握自主知识产权，因此科技创新活动必不可少。

2. 技术创新的微观作用

（1）有助于培养企业的核心竞争力。加强科技创新本质上就是为了增强企业自身的竞争实力，让企业在市场中赢得一席之地。当前，尽管企业的竞争实力受综合因素影响，但在知识创新和技术创新的背景之下，科技创新能力日益成为衡量企业实力的重要标尺，影响着企业内各生产要素的配置能力及生产力的提升空间。最终，企业科技创新会改变企业发展的方式，由简单粗暴的数量型扩张转变为以质量取胜，在同等的资源条件下，企业将创造出更多的价值和物质财富。缺乏科技创新能力的企业是不可能在市场上长期生存的，势必面临被淘汰的风险。简言之，没有科技创新，就没有市场。

（2）有助于企业增加经济效益。企业的经营目的就是获得经济效益，因此需要生产消费者满意的产品。只有产品自身具有较高的附加值，才能赢得市场的青睐。实践证明，技术含量越高，产品的附加值就越高，也就更容易获得市场追捧，最终使企业受益，有能力争夺属于自己的市场。比如荷兰皇家飞利浦公司，长期锲而不舍地追求技术创新，不断改善产品结构，注重提高产品附加值，给公司带来丰厚的利润，成为世界企业史上拥有上百年历史的基业长青的企业。

（3）有助于改善企业管理。在企业内，科技创新活动离不开高效的管理和完善的制度，因此企业有必要进行管理创新和制度创新。三者之间是相辅相成的关系。企业如果想加强科技创新，提高科技创新能力，就离不开完善科技创新机制。企业如果想消除管理中阻碍科技创新的"拦路虎"，就应不断优化资源配置，优化、革新企业经营管理理念。反过来，科技创新活动会向企业的管理和制度发出挑战，进一步推动两者改革以适应科技创新活动的要求。

1.2.3　企业科技创新管理中的突出问题

1. 科技创新管理体系不健全

企业在建立之初应把精力放在如何实现技术革新和新产品研发上，随着企业不断发展，构建健全的科学创新管理体系成为企业的共同诉求，企业管理层逐渐认识到科技创新管理体系的不断完善是企业维持持续创新能力的基础。

科技创新管理活动极具系统性，既涉及企业的创新战略、技术创新进程、新产品开发等一系列重大任务，又关乎材料写作、文档收集等行政辅助工作。科技创新管理不是"一言堂"就能解决的问题，而是需要多方智慧和集体决策，因此团结协作是必不可少的。当前很多企业的创新管理部门缺乏跨部门沟通，独立作业成为常态，这会导致各部门间对科技战略理解不到位，对科技成果缺乏创新性视角的挖掘，对政府科技项目缺乏清晰的认识。因此，企业应通过搭建健全的科技创新管理体系，让科技创新管理工作者真正代表科研人员"发声"，通报项目管理团队、财务团队、技术团队，实现真正的跨部门协作。

2. 科技管理人员职责界定不明确

科技管理岗位是介于研发岗与行政岗之间的职位，既要求从业者有一定的专业背景，对公司的技术业务有充分认识和全局把握，又要求从业者具备行政管理能力。当前的科技管理岗位缺乏对工作内容的清晰描述，具体表现在：①过度依赖专业背景，设立了过高的门槛，让非科班出身的人难以获得进入岗位的机会；②职责描述偏向行政岗位，强调文字写作能力、协调能力等普适性能力，未提出更具针对性的能力要求。由于职责界定不明确，科技管理人员容易包揽包干，好像技术和行政的工作都与他相关，这会导致科技管理人员出现"打杂"心理。其实这是一个专业技术岗位，主要是起项目管理辅助作用，包括：负责研发项目的申报立项、方案设计、项目实施、数据分析、后期完善、知识产权申请保护等项目工作；负责实验室日常运作、检测试验、管理维护、项目测试、工艺改进、质量标准提高等科研环节工作。

3.科技管理人员素质有待提高

造成企业科技创新管理人才缺乏，整体素质能力不能完全满足科技创新要求的主要原因在于：

一是高校对科技管理人员的培养与企业需求存在脱节，鲜少开设科技管理专业，通常只是增设一两节科技管理相关课程，对于高校毕业生胜任企业科技管理工作是远远不够的，导致企业既无法对新入行者提过高要求，又要对人员进行全方位培养。

二是企业通常没有建立科技创新管理人员的培训机制和职业发展规划。科技管理工作者主要是从经验中学习、摸索，企业鲜少提供工作对口的培训，而且市场上难以找到专业的科技管理课程。科技管理人员的职业发展道路十分不清晰，晋升途径也模糊。

三是我国的科技管理工作者尚未建立终身学习的习惯。当前科技发展可谓日新月异，知识不断更新迭代，这都要求科技管理工作者保持学习的习惯。只有不断积累经验，科技管理工作者才能在面对困局时做出相对合理的判断，未综合考虑大环境和最新形势所做出的决策都将面临失败的风险。因此，科技管理工作者要持之以恒地学习，积极应对大环境提出的新挑战，让企业在激烈竞争的环境中突破重围。

◈ 本章小结 ◈

科技创新管理是提升企业核心竞争力的重要一环，在公司制度方面，需要企业进行科学的计划管理，建立技术研发部门落实规划，并在实施过程中不断完善科技创新激励机制，为规划实施提供一定的保障。在生产方面，落实企业科技创新管理，需要推动生产材料、生产设备、企业员工等资源要素创新，优化要素组合，实现产品在品种和结构上的创新，帮助企业及时推出适销对路、让消费者满意的商品，这能够帮助企业提高市场风险防范能力。

第 2 章

科技管理人才培养

美国国家研究委员会（NRC）在 1987 年的报告中将科技管理（management of technology，MOT）定义为：包含科技能力的规划、发展和执行，并且用来规划和完成组织营运以及策略目标的跨学科领域。[○]为此，企业需要专门的科技管理人才从事相关工作。

2.1 科技管理人员的基本素质

2.1.1 企业科技管理人员的界定

科技管理人员，主要集中于科研机构、高等院校、医疗卫生机构、企业等机构中，侧重于工作管理和组织领导，并不是单纯的技术工作从业者。尤其当代科技发展日新月异，科技管理人员需要具备跨领域知识体系和复合型能力，负责组织和执行科技管理活动，帮助实现企业的生产任务和发展目标。他们是实际从事系统性科学和技术知识的生产、发展、传播和应用活动的人员。

2.1.2 企业科技管理人才的需求来源

企业科技管理人才并非 21 世纪的产物。自改革开放以来，我国工业化和现代化进程不断加快，科技管理人才在国家的建设与发展中起着重要作

㊀ 博伊德. 科技企业成 MBA 新宠 [J]. 新财富，2014（7）：38-39.

用。2001 年，我国顺利加入世界贸易组织，迎来了前所未有的市场机遇，也面临着国际复杂多元的市场环境的挑战。外部环境不断演变，对我国企业提出更高的要求，企业需要不断提升快速反应的能力，积极应对日新月异的市场，进一步支撑企业转型升级，这就催生了对科技管理人员的巨大需求。

1. 国际科技竞争日益激烈

当前科技竞争在国际社会日渐激烈。如华为公司在全力布局 5G 网络时，美国开始禁止芯片出口并限制部分技术交易，矛头直指 5G。面对激烈的国际竞争形势，国家正加大科技人才队伍建设，帮扶科技型企业开展科研项目，实现产业转型升级，帮助科技型企业在国际竞争中获得优势。

2. 国内进入"人才资源"时代

近年来，许多城市纷纷实施一系列"挖人"政策，吸引更多人才发展城市经济。2010 年，深圳推出"孔雀计划"，斥巨资吸引海内外高层次人才参与深圳建设，并在创业启动、项目研发、政策配套、成果转化等方面提供强有力的支持。而高新技术产业的从业者也被纳入"孔雀计划"的认定范围。2020 年，深圳市政府经过 10 年努力，将高新技术产业逐渐打造成为深圳的一张名片。科技管理人才的加入，无疑为城市的发展壮大注入了动力。我们不得不感叹，现如今的知识经济时代，俨然开始进入"人才资源"时代，谁能掌握高质量人才队伍，谁就能进一步主导市场抢占先机。

3. 企业长远发展的必然要求

企业竞争力的构成应紧随时代潮流而变化，不断加速技术迭代升级。企业竞争力是企业可持续发展的不竭动力。在企业创新活动中，科技管理人员助力企业创造与维持竞争力。企业对科技管理人才的需求十分迫切。一方面，科技管理人员参与监督协调，把握项目进程，通过资源优化配置促进项目高效落地；另一方面，因为科技管理人员掌握了前沿资讯，能够预测科技发展动向，所以能为企业长远的战略布局出谋划策。此外，科技管理人员还扮演了"军师"的角色，对企业当前的技术能力进行科学的诊断。

2.1.3　科技管理人员的岗位特征

科技管理人员在企业中具有举足轻重的地位，不仅顺应了现代企业转型升级的迫切需求，也是应对跨国、跨区域、跨领域、跨企业的合作要求。科技变革对科技管理人员提出了更高的素质要求，他们需要灵活应对更为复杂和变化更快的市场环境，助力企业在市场竞争中把握主动权。

1. 创新性

第一，科技管理人员需要有创新思维，从创新的视角提高资源配置效率，可以进一步加快企业资金运转速度和提高内部生产效率，为企业创造更多的收益。

第二，科技管理人员要不断学习最新的管理知识，用先进的管理理念和创造性工具提高管理效率，有条不紊地推动科技项目落地。

第三，科技管理人员需要精准预测市场发展方向，把握市场命脉，为企业科技变革和产业转型升级提供创新性建议。

2. 复杂性

纵向上，科技管理工作相对冗杂，涵盖项目的立项开展、中期检查、项目验收等，需要解决人、物、财等资源配置问题。横向上，科技管理工作者的沟通对象具有多样性，对外需要与政府、科研机构、合作企业、技术专家建立良好的关系，为企业引进资源、申报项目、技术升级、优化产品等添砖加瓦；对内需要为公司领导班子决策提供意见参考，以及协调项目组成员工作。

3. 不确定性

第一，过程的不确定性。因为企业技术创新本质上是从响应市场需求出发，以实现企业的利益目标为目的而开展的一系列研发活动，包含技术知识从萌芽—成熟—落地转移转化，是一个链条长、充满不可预知性的过程。即便做了合理的时间规划和有强大的技术背景支撑，科技管理人员也难以保证如期获得理想的实验结果，多种因素综合作用才能促成理想的结果。

第二，结果的不确定性。科技管理工作者往往需要撰写技术文书，如申请知识产权保护或者向政府申请科研项目。申请书文笔流畅、内容翔实固然重要，但是项目申报能否成功也取决于技术本身是否具备先进性。这类因素是科技管理人员无法左右的，因此结果具有不确定性。

4. 协作性

从宏观层面看，在经济全球化日益深入的背景下，各国和各地区间通过紧密沟通来推动全球经济效益的持续提升，科技管理工作者也不能闭门造车，而应该积极通过开展对外合作获得国际科技资源，通过与国内科研院所合作促进科技资源整合，双管齐下，两面开花。从微观层面看，科技管理工作从来都不是一个人的战斗，而是一群人的战争，团队内的有序分工和高效协作将决定项目能否如期交出满意的答卷。

综上，我国企业正面临着经济全球化带来的机遇和挑战，要想在国际科技竞争中获得优势，企业需要组建科技管理人才队伍。我们不禁要问：什么履历背景的人更适合从事科技管理工作呢？什么样的能力是企业科技管理工作最需要的呢？什么性格的人更能在科技管理岗位上发光发热？本书将通过引入胜任力冰山模型，结合企业科技创新管理活动特点，构建科技管理人员胜任力模型，旨在为企业科技管理人员的成长发展提供理论依据和指导。

2.2 科技管理人才培育途径

由于面临着迫切的市场需求，如何加强科技管理人才队伍的建设成为高校、企业乃至整个社会共同关注的问题。企业除了吸纳有名企工作经验，自身拥有犀利的市场眼光，具备深厚的专业功底的优秀人才，把他们补充进企业的科技管理人才队伍中，还应对科技管理团队做到精细化培养管理，使科技管理人才队伍能切实服务科创主体，实现地方社会经济效益增长，助力国家经济高质量发展战略落地。

2.2.1　高校科技管理人才培养模式

1. 成立协会组织，通过举办论坛、出版科技管理刊物、定期开展培训等方式培养科技管理人员

20 世纪以来，为了加强科技管理协作和分享科技管理经验，欧美国家先后成立了众多科研管理者协会。比如，英国的科研经营者与管理者协会（Association of Research Manager and Administrators，ARMA），主要联合高等学校开展科技管理合作，共同提高科技管理人才素质。

国内也有类似的科技管理组织，主要依托高等院校及科研机构，以研究会或协会的组织形式创办科技管理刊物，提供相关培训。如中国科学学与科技政策研究会及其《科研管理》杂志、广东省科学学与科技管理研究会及其《科技管理研究》杂志，以及其他各省市高校科研管理研究会，它们通常会不定时举行相关的科研管理培训活动。

2. 国内外各大高校、科研机构开设科技管理专业，加强学科建设和人才培养

比如，美国麻省理工学院和中国台湾交通大学、上海交通大学等都已开设科技管理专业。自 19 世纪末英国剑桥大学卡文迪许实验室和美国爱迪生实验研究所建立后，科学技术研究机构不断涌现，创造了巨大的学术价值和财富价值。1985 年，美国科学与工程领域组建了专门的工作小组，该小组在其发布的《隐藏的竞争力》报告中第一次提出了"科技管理"（management of technology）术语。报告还指出，要重视科技管理，让其作为学科在高等教育中进行部署，建立起科技管理教育和研究体系，以促进美国产业的发展和竞争力的提升。在我国，科技管理专业也经历了一段时间的摸索，国家不断探寻科技管理人才培养的专业化道路。1985 年，中国高等学校科研管理研究会成立。1992 年，我国第一次正式把科技管理专业纳入管理学科的二级学科行列，这标志着我国科技管理专业的产生。[⊖]

美国麻省理工学院科技管理专业部分课程见表 2-1。

⊖ 蒋林浩，邓开喜，安宁，等.科技管理专业人才培养现状及问题探讨 [J]. 广东科技，2010，19（13）：74-78.

表 2-1　美国麻省理工学院科技管理专业部分课程

课程类型	课程名称
基础课程	科技管理与政策引论
	领导发展
	科技政策实践
	科技政策研讨
研究方法	系统工程分析与设计
	科学技术与公共政策
专业课程	法律、科技与公共政策
	商业决策的经济学分析

中国台湾交通大学科技管理专业部分课程见表 2-2。

表 2-2　中国台湾交通大学科技管理专业部分课程

序　号	课程名称	序　号	课程名称
1	宏观策略管理	7	跨界思考力
2	国际营销	8	创新技术商品化与市场化
3	科技管理	9	产业分析与创新
4	企业管理	10	财务管理
5	科技策略与创新	11	企业政策与策略管理
6	创业管理专题	12	财务策略与管理

中国台湾政治大学、台湾"清华大学"科技管理专业部分课程见表 2-3。

表 2-3　中国台湾政治大学、台湾"清华大学"科技管理专业部分课程

序　号	课程名称	序　号	课程名称
1	企业社会责任与伦理	8	创新经济学与产业动态分析
2	科技创新与智慧财产跨域实践	9	文化产业与智慧财产权专题实作（一）
3	科技与创新管理	10	事业经营策略
4	创新与智慧财产	11	知识产权与竞争法的冲突与调和
5	科技与人文社会	12	科技产业技术实务
6	策略创新与企业成长	13	文化产业与智慧财产权专题实作（二）
7	策略性项目与作业管理	14	企业评价与评价准则

（续）

序　号	课程名称	序　号	课程名称
15	思考脉络 - 创新采纳与扩散	22	创新经济与法律
16	文化创意产业管理	23	创新经济学与产业动态分析
17	智慧财产管理	24	著作权法律与管理
18	创新研发管理	25	跨国知识产权交易与纷争解决
19	无形资产报道与评价	26	专利说明书之撰写
20	专利实务	27	中国知识产权法专题研究
21	智慧资产诊断与运营		

中国大陆部分高校科技管理专业开设的课程见表 2-4。

表 2-4　中国大陆部分高校科技管理专业开设的课程

序　号	课程名称	序　号	课程名称
1	科学技术史	11	外国哲学原著选读
2	马克思主义原著选读	12	马克思主义理论
3	自然辩证法研究	13	统计与数量经济方法
4	科技政策与管理	14	高级管理信息系统
5	科学哲学	15	企业管理专题
6	科学社会学	16	行为金融学
7	信息经济学与电子商务经济学 金融经济学 企业制度与人力资源	17	新兴动态凯恩斯经济学 知识经济与商会管理
8	高技术管理与风险投资研究 贸易及管理研究 第三产业经济学 证券市场与投资分析	18	信息经济与管理的理论与方法
9	技术经济与管理前沿专题讲座	19	企业制度与公司治理
10	跨国公司管理	20	企业战略与组织

通过对比中美两国科技管理专业的课程体系设置，不难看出对科技管理人员素质的要求也在逐步变化。

2.2.2　企业科技管理人才培养模式

虽然许多高校已构建完备的课程体系来培养科技管理人才，但是仅仅输入知识来培养人才是远远不够的。初入社会的大学毕业生要想成为一名合格的企业科技工作者，进而成长为一名独当一面的科技管理工作者，除了要掌握在学校中获取的专业知识，还应该在具体的项目实践中积累经验。为此，企业可以从以下几点着手搭建成熟的培训体系。

1. 实践中学习项目管理

"项目制"是企业培养科技管理人才的常用方法，实践学习贯穿企业科技管理人员职业成长之路。

首先，新入职的科技管理人员会以项目助理的身份接触到项目的材料管理、周期管理、成本控制、人员配置等工作，并逐步深入项目实践中，以此完善已有的知识体系，锻炼项目管理能力。

其次，当科技管理人员晋升为正式项目管理者后，开始负责制定项目流程规范，协调项目的各方面人员，将技术人才合理纳入管理框架中，成为一名合格的管理者。

最后，科技管理人员晋升为项目管理负责人，全权把握项目的整体规划，调配各方资源，把控项目的产出，对项目的进程及结果负责，成为一名具有影响力和出色项目管理能力的领导者。

2. 参加高层次人才研修班

高校科研院所和科技企业会不定期举办科技管理相关培训，内容涵盖科技政策解读、知识产权、科技财税、项目申报、技术转移和管理沟通技能等。参加这类培训有利于同步提升理论素养和技能水平，可以有效帮助科技管理人员掌握系统性知识，强化业务硬技能，提升管理能力。此外，研修班可以吸引大批优秀的同行参加，也将成为科技管理人员拓宽视野、链接资源的重要渠道。

2020年至今，华南技术转移中心就技术转移、科技管理、项目申报、政策解读、知识产权、科技财税等主题开展了一系列培训。其中，技术转移研修班分别邀请美国、德国、以色列等国家的技术转移机构专家和国内的产学研专家，联合来自广东、上海、广西、山东等地的技术转移机构，共同培养技术转移人才。此外，华南技术转移中心还专门开设科技管理专员综合能力提升班，立足广州，辐射广东，培养了大量科技管理专员。

3. 参观前沿高新科技展会

科技进步永无止境，每年的科技展会都汇聚了行业的前沿科技。定期参加技术展会有三点好处：

一是通过展会现场的名企发布会获取前沿科技信息，掌握科技发展的前沿动态，找准行业的最新发展趋势。

二是了解同行的技术方向和研究进展，为公司的战略决策提供竞品调研支持。

三是了解上下游企业的产品和服务，发掘潜在供货商和合作伙伴，为企业发展链接更多资源。

4. 推行"导师制"培养模式

高校科研院所的实验室提倡采用"导师制"，通过导师言传身教，构建学生的系统性知识体系和培养学生的科研能力。科技型企业也不例外。在西方国家，企业已经普遍认可"导师制"有利于企业培养科技人才，帮助员工进步，是一项人力资源管理的有效举措，被广泛应用。在中国，"导师制"理念也逐渐深入公司文化中，且实施效果卓著。华为的"全员导师制"就是一个典型例子，导师除了技术上"传、帮、带"，还可以引领学员的思想。"导师制"培养模式既能让导师起好先锋模范作用，又能让学员快速融入集体，全面掌握项目管理技能，缩短职业试错期。

2.2.3　科技管理人才自我培养模式

培养科技管理人才需要高等学校构建完备的课程体系，以及企业提供配套的大量实践机会，但这些是远远不够的。无论你是跨行业进入科技管理领域的新手，还是已在这条道路上辛勤耕耘多年的前辈，自我培养的意识与习惯都是冲破事业瓶颈期，助力事业走上新台阶的法宝。

1. 做一个学习型科技管理人员

随着时代的超前发展,科技不断细化,衍生出新的分支领域,学科也不断细化,科技管理工作逐步走向精细化。在这个过程中,科技管理工作者要学习国家、省、市等相关管理部门的科技政策,提高政策解读能力,不断更新专业知识,关注国内外最新行业发展动态和热点趋势,向优秀同行学习有益经验。此外,科技管理工作者可以通过书本、研修班、实践等方式学习管理方法和理念,深化科技管理工作者对管理的理解,逐步形成个人的管理风格。科技管理工作者通过持续学习激发思维活力、强化自身创新意识,在解决问题的同时实现自身创新能力的提升和科技管理效率的提高,为科技管理工作提供源源不断的创造力。科技管理工作者宜养成终身学习的习惯,并将所学在实践中加以应用,以积累丰富的专业知识和实践经验来应对市场的挑战。

2. 做一个研究型科技管理人员

企业科技管理工作者不但要擅长学习,还要学会如何进行深度思考。阅读理论书籍能够协助科技管理工作者搭建完备的知识体系,但是科技管理工作者如果只停留在理论层面的学习上,而不对知识和经验进行思考、整理、内化,不运用在实践中,那也只是学了皮毛,实践才是检验理论的重要标尺。只了解行业的发展趋势,却没有摸清行业的运行机制和规律,这样的工作结果实际上是没有触碰到科技管理的精髓的。科技管理工作者可以借助深度思考,不断地给自己抛问题,通过问题来寻找解决方案的线索,逐步透过现象看本质,挖掘大量潜藏的影响因素,找出事物的内部联系,把握住问题的主要矛盾,直击问题核心。深度思考可以利用思维导图等工具来完成,思维导图是指将脑中杂乱的思绪按照一定的逻辑顺序(包括时间顺序、空间顺序和重要性顺序)进行信息组合。一个完整的可视化思维导图会在整理思路过程中不断得到补充、完善,确保深度思考过程中逻辑的严谨度和内容的全面性。这个过程亦是科技管理工作者提升自我认知能力的思维锻炼过程。当深度思考成为习惯,科技管理工作者可以依据缜密的逻辑和大量的事实依据做出更加客观、独立的判断，不会轻易被外界观点左右。养成深度思考的习惯，做一个研究型的科技管理工作者，方能有格局且有谋略。

3. 做一个服务型科技管理人员

科技管理工作者要明确自身定位——本质上是为企业或者团队服务。服务意识不仅是一种工作态度、道德修养，更涉及人际关系处理。科技管理工作者除了自身需具备创造力，还应创建人才创新环境，能够在项目进程中塑造良好的合作氛围，给予团队成员鼓励，促使大家投入科技创新活动，共同实现团队目标。罗伯特·K.格林里夫（1904—1990）曾提出"仆人式领导"的概念，即领导者乐意服务下属，鼓励合作、信任、先见、聆听，促进团队成员相互关爱尊重和相互信任。仆人式领导也逐渐成为柔性领导的代表之一。领导者在团队的影响力不再依赖职权的高低，而是员工从心底就认同领导，从而把团队协作潜移默化地转变为员工的自觉行为。服务意识的培养和服务行为的发生具有一定的"传染性"，能够助力科技管理工作者塑造一个乐于服务、乐于倾听、乐于分享的团队，有利于牢固树立"以人为核心"的服务理念，培养服务型科技管理人员。

综上，科技管理人才自我培养模式见图 2-1。

图 2-1　科技管理人才自我培养模式

科技管理人才队伍的建设需要考虑到工作的高度专业性。人才队伍需要具备以较高学历层次为支撑的专业素养，既需要有专业的学科背景，又需要有敏锐的市场意识，更需要具备优秀企业的工作阅历。目前，我国在科技管理工作人才队伍建设方面已初见体系，科技管理人员的培养离不开高校、企业和自我培养的三方协同作用。高校的培养作为预备阶段，能为科技管理人员的职业发展奠定基础。企业的培养属于实战阶段，该阶段不断完善科技管理人员的知识体系并培养其管理能力。自我培养是在理论学习中不断扩大知识面，在实践经验积累过程中深化对理论的认知，并形成个人独到的对行业、对岗位、对团队的理解，自我培养贯穿科技管理人员职业成长的始终。

2.3　科技管理人员胜任力模型

在知识经济时代，随着现代管理理论和方法的变革，企业越来越看重员工是否具备胜任各项工作的可塑性，并希望员工能在实际工作中最大限度地激发潜能，不断成长。胜任力包含诸多考量因素，有学历、工作经验、技能、学习能力等。目前胜任力被广泛运用于企业各项人事管理，包括人才选拔、培训辅导、绩效考评等多个环节，为企业培养人才指引了方向。

2.3.1　关于胜任力的理论研究

1. 胜任力研究概况

胜任力的思想可以追溯到古罗马时代，当时人们通过构建胜任力剖面图（competency profiling）来说明"一名优秀的罗马战士"所需具备的特性。科学管理之父弗雷德里克·泰勒所开展的"时间－动作研究"（time and motion study），普遍被认为是胜任力研究的开端。他通过将复杂的工作分解成一系列简单的步骤来界定不同工作内容对员工胜任力的要求，同时建立规范化的操作方法，借助系统培训和发展活动提高员工的胜任力，进而提高绩效。[⊖]

然而，哈佛大学著名的行为心理学家戴维·麦克利兰才是胜任力模型构建方法的开山鼻祖。1973 年，他在《美国心理学家》杂志上发表了题为《测量胜任力而非智力》（"Testing for competence rather than for 'intelligence'"）的文章，提出用胜任力（competency）指标能够预估

⊖　巩键. 国内外的胜任力研究综述 [J]. 新西部：下旬·理论，2012（1）：73-75.

工作绩效，可以用来优化传统人才选拔机制。这篇文章标志着胜任力在心理学界的开端，胜任力研究从此进入科学概念阶段。

基于福莱·诺格的研究成果——关键事件技术，1954 年，麦克利兰提出了行为事件访谈法（behavior event interview，BEI）。这项新的人才评价选拔方法成功地运用在驻外新闻官选拔中，最终选拔结果令人颇为满意。

至此，胜任力研究不断深入，麦克利兰与心理学家戴维·伯卢（David Berlew）联手创办麦克伯管理咨询公司（McBer & Company），不断推行胜任力模型，并在实践中反复检验完善，开启了胜任力模型的辉煌时代，在全世界引发巨大反响。

2. 胜任力的概念及内涵

自从麦克利兰提出胜任力模型以来，关于胜任力的定义，一直众说纷纭，没有统一的标准。直到 1992 年，莱尔·斯宾塞和西格玛·斯宾塞基于博亚特兹（1982）的研究成果，提出了冰山模型（the iceberg model），并将胜任力定义为："与工作或参照相关标准有因果关系的个体潜在特征，包括五个层面——知识、技能、自我概念、特质和动机。"此后关于胜任力的研究就基本沿用这个定义。依据这一定义，结合科技管理工作实际，我们将胜任力的特征总结为以下五点：

（1）胜任力以工作绩效为导向。胜任力水平的高低是导致同一岗位存在绩效表现上的差异、出现绩效优异者与绩效平平者的深层次原因。

（2）胜任力表明了个体与工作任务、岗位要求的匹配程度。胜任力的标准要求也会随着岗位的不同而存在差别。

（3）胜任力更加注重工作情境，强调个体的综合素质和情境依赖性，主要衡量个体在具体工作情境下的工作表现。

（4）个体的胜任力水平可以通过行为表现反映出来，但要注意，个体的行为并非胜任力本身。个体胜任力反映出来的行为表现应是可观察、可测量、可被评估分析的，是个体在具体工作任务中对知识、技能、态度、动机等的综合运用。

（5）胜任力不是一成不变的，而是处于动态变化发展之中。不同的年龄、阶段、职业生涯层级，以及环境等的变化，都会影响个体表现出来的胜任力。

3. 关于胜任力模型研究

最初的胜任力模型属于通用型，如麦克伯管理咨询公司运用在选拔美国政府驻外新闻官上的模型就属于此类。该胜任力模型通常包含三项核心指标：跨文化人际敏感度、快速洞察政治的人际网络能力、对他人的正面期待度。尽管随着时代变迁，该模型也根据实际情况一再调整，但该模型的有效性使其具备强大的生命力，直到如今美国政府依旧将其作为选拔驻外新闻官的重要参考依据。

麦拉根（1980）将胜任力与组织绩效联系起来，认为胜任力模型可作为衡量招聘、绩效评估、培训、个人发展计划等一系列工作的标尺，胜任力模型可作为通用的人力资源管理工具。⊖博亚特兹（1982）通过对公共事业和私营企业的 2000 多名管理者进行实证分析，归纳出了 19 项管理者的通用胜任力，进而开发了一个管理者通用胜任力模型。⊜另外，博亚特兹通过深入分析不同行业、部门和岗位的管理人员存在的胜任力差异，提出了管理者胜任力模型的 6 大指标，包括目标和行动管理、领导力、人力资源管理、指导下属、关注他人以及专业知识。

随后的胜任力研究逐渐转向为特定行业或企业建立胜任力管理体系（competency management system，CMS），并通过案例研究对胜任力模型在实践中进行检验和改进，以协助员工和组织获取实现绩效目标所需的知识和技能。莱尔·斯宾塞和西格玛·斯宾塞（1992）开创了胜任力管理体系研究的先河。他们针对全球 200 个以上的工作岗位进行了胜任力研究，建立了包括技术人员、销售人员、服务人员、经理人员和企业家 5 大类的胜任力模型，同时归纳出管理人员的 21 项胜任力，编制了胜任力辞典，见表 2-5。

⊖　陈颢元. 国内外胜任力模型研究综述 [J]. 管理观察，2012（16）：193.
⊜　巩键. 国内外的胜任力研究综述 [J]. 新西部：下旬·理论，2012（1）：73-75.

斯宾塞编制的胜任力辞典包含 6 大类别：成就和行动、协助和服务、冲击和影响、管理、认知、个人效能，每个类别对应不同的胜任力表现。

表 2-5　胜任力辞典

胜任力	表　现
成就和行动	成就导向、主动性、资讯收集、重视次序、品质与精确
协助和服务	人际了解（沟通）、客户服务意识
冲击和影响	组织知觉力、关系建立
管理	培养他人、命令、团队合作、团队领导
认知	分析式思考、概念式思考、技术 / 专业 / 管理的专业知识
个人效能	自我控制、自信心、灵活性、组织承诺

　　资料来源：陈颢元 . 国内外胜任力模型研究综述 [J]. 管理观察，2012（16）：193.

2.3.2　科技管理人员胜任力模型构建

在开展胜任力研究时，冰山模型通常被用来作为研究的理论基础。在冰山模型中，胜任力可以分为外显胜任力和内隐胜任力。前者是具象的、外显的，能够在短期内被测量，比如个体掌握的知识和技能，知识是指一个人在特定领域的专业知识，技能是指在执行具体工作任务时个体展现的工作能力。后者较为抽象，不容易被观测到，需要长时间考察才能发现，它包括自我概念、特质、动机。自我概念是指一个人对事物的看法和态度，以及自身的价值观。特质是指个体的身体物理特性，以及个体处理外在环境、信息的独特视角。动机是指开展某项工作的渴望，以及付诸行动的背后因素和动力。

国内科技管理人员的素质研究表明，一个优秀的科技管理人员应具备道德素质、专博兼备的知识结构、社交能力等素质（李建强，1990；张玲，2007）。张俐和王方正（1999）从高校角度指出，我国高校科技管理人员面对知识经济时代的挑战应具备强烈的爱国心和责任感、知识和信息获取能力、较宽的知识面、组织协调能力、公关能力、掌握现代办公自动化技术手段、法律意识等基本素质与能力。卢纪华等（2002）采用心理测验技术识别出科技管理人员能力素质的五个维度：领导技能、概念技能、思想素质、人际技能及文化建设能力。本书基于冰山模型，综合国内科技管理人员的素质研究结果，构建了科技管理人员胜任力模型，见图 2-2。科技管理人员胜任力模型有三个维度，包括知识维度、能力维度、意识维度。同时，各维度有着丰富的内涵，包含若干细化指标，逐渐成为政府、企业、学校等组织选拔科技管理人员的标准。另外，胜任力模型也为科技管理人员实现自我发展指明道路和制定目标。

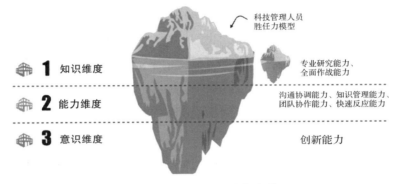

图 2-2　科技管理人员胜任力模型

综合来说，一个优秀的企业科技管理人员应具备专业研究能力、全面作战能力、快速反应能力、沟通协调能力、创新能力、知识管理能力、团队协作能力等七项能力素质。

1. 知识维度

科技管理人员必须具备一定的专业知识，能够快速学习、更新跨领域所需的知识，提升工作能力。科技管理人员胜任力的知识维度包括专业研究能力、全面作战能力两项胜任力特征。

（1）专业研究能力。科技管理人员应掌握且不断更新所从事领域的科技方面的知识，如新材料、生物医药、信息技术、节能减排等领域的知识更新迭代，同时要拥有快速学习陌生领域知识的能力。科技管理岗位涉及大量专业、复杂的技术术语，一个优秀的科技管理工作者，能够全面理解和熟悉企业的业务、产品、市场、研发，能够快速跟进政策变化，能够思考、理解企业未来的战略发展，如此复杂、多维的层面，更需要匹配专业研究能力，同时在深度和广度上解决问题。

（2）全面作战能力。科技管理工作的任务之一就是要对政策信息、科研成果信息、专利信息等进行加工和处理，包括快速查询、收集、跟踪、整理、分类汇总等，并将所获取的有价值的信息形成材料，及时共享给相关部门及一线科研人员。面对不同的材料，所需的信息不同，如何进行写作和优化的要求也不同，全面作战能力解决的正是应对不同材料如何得心应手的问题。

2. 能力维度

能够从错综复杂的工作环境中找到问题的解决办法，是现代科技管理人员应具备的基本工作能力。科技管理人员胜任力的能力维度包括快速反应能力、沟通协调能力、知识管理能力、团队协作能力等四项胜任力特征。

（1）快速反应能力。科技管理人员的工作充斥着烦琐的细节，容易遇见各种突发状况，这要求科技管理工作者保持快速应答的状态。快速反应能力体现在：一方面，当任务布置下来时，能够快速整理出工作思路和任务开展步骤，并着手落实，有较高的工作效率；另一方面，当工作项目进展偏离计划时，能够快速发现问题症结，抓住主要矛盾，提出具有针对性的对策。

（2）沟通协调能力。科技管理人员需要内外兼顾，处理好项目内外大大小小的沟通、协调、组织事务，如协助配置组织内技术研发需求资源，引进优秀技术达成企业内外技术转移，帮助组织成员保持人际关系的开放、和谐等。这些工作需要科技管理工作者拥有沟通协调能力，能够与政府、上下游企业、组织成员等不同的人打交道，并保持良好关系。在某些时刻，科技管理工作者还需要具备一定的危机公关能力，以应对意外情况的发生。

（3）知识管理能力。技术是科技型企业的核心竞争力，技术的呈现方式可以是显性的，也可以是隐性的。技术的显性表现为仪器、技术手册、技术培训教材等一系列承载了技术知识的物品；隐性表现为在技术人才大脑里留存的无形知识。企业要及时进行知识管理，做好知识储存、知识共享，否则会造成技术人才在类似问题上的重复工作，导致研发、生产能力的浪费，难以创新，也会面临关键技术人才流失带来的巨大风险。科技管理工作者的知识管理能力，是指及时对企业内部的技术资源进行管理，对企业外部的技术资讯、技术转化、技术学习的成果进行管理，包括技术转移管理。

（4）团队协作能力。相比其他团队成员，科技管理人员身负管理重担，要全面负责科研工作的有序开展。科技管理要摒弃陈旧过时的经验主义和封闭主义的管理，通过学习科学创新的管理方式，不断提高管理能力和管理效率。

3. 意识维度

倡导创新能力。发明、创新通常也会催生科技变革，其启示在于，科技管理人员要勇于突破以前的管理模式，敢于推陈出新，破除思想僵化，摒弃因循守旧，彻底与无所作为决裂，走出故步自封的旧观念，不断培养创新能力。企业采取各种激励机制和手段来推进管理创新，更加科学地对科研活动和组织运转进行管理，打造不断完善的管理体系，营造良好环境氛围来激发科技管理工作者的创新潜力，保持创新意识和热情，推动科技创新开辟新局面。

◈ 本章小结 ◈

科技管理人才逐渐成为科技型企业的战略资源，是企业正常有序开展经营活动的重要支撑和保障。科技管理人员需要具备跨领域知识体系和复合型能力，负责组织和执行科技管理活动，帮助实现企业的生产任务和发展目标。科技管理岗位特征十分鲜明，具有创新性、复杂性、不确定性和协作性，充满挑战。而科技管理人才的培养主要是通过高校、企业和自我学习等三条路径开展的。最后，通过科技管理人员胜任力模型来评价和选拔人才，并以相应的指标指导人才未来发展。

第 3 章

核心能力一：专业研究

开篇案例

　　阳光科技是一家刚成立不到两年的初创型科技企业，小孙是该企业的科技管理专员。近日，阳光科技所在的孵化园区举办了一场科技型中小企业政策宣贯会，小孙被派去参加以了解政策情况。

　　宣贯会上，小孙注意到，该资质申报对公司有利，但主讲人只介绍了申报条件和流程，没有详细讲解申报操作的注意要点，可能会对申报工作产生一定影响。

　　会后，小孙没有着急找领导汇报此事，而是先按照宣贯会上的讲解要点，根据公司实际情况进行对比核实申报条件，分门别类地列出申报所需的材料和数据。另外，小孙通过在网上搜索资料，发现宣贯会上未曾提及的一些操作要点、注意事项，将这些资料综合整理后，梳理了整个申报流程和操作要点。

　　此时，小孙拿着资料找到领导，从政策利好、申报简单、注意事项等三个方面进行汇报，建议公司尽快启动申报事宜。第一，公司若申报成为科技型中小企业，可以申报更多政府补贴、科技项目。如最近火热的补贴型政策"科技创新券"，就需要企业具备科技型中小企业资质。第二，申报流程和所需材料都相对简单，尤其是经过小孙整理后，只缺研发投入占比核算、科技成果数量核算这两份资料。只要材料齐全，就可以马上启动申报。第三，科技型中小企业资质只有一年有效期，第二年需要重新认定。

　　小孙清晰明确、有条不紊的情况汇报，让领导立即做出决策，指定小孙负责该项工作，并要求尽快完成。而此时，参加同场宣贯会的其他公司，还在打电话咨询具体的申报步骤。

　　小孙的案例说明，作为科技管理人员，往往需要学会如何快速上手一项新工作，尤其是应对新政策出台、有新项目申报等情况，都需要快速掌握。对于介入技术开发工作中的科技管理专员，还需要随时关注行业前沿，为公司发展提出战略性的意见和规划，这都需要科技管理人才具备专业研究能力。

　　专业研究能力是一种宝贵的能力，体现着一个人的专业度、快速学习能力以及结构化思考与表达能力。科技管理岗位涉及大量专业、复杂的技术术语。一个优秀的科技管理人员，要能够全面理解和熟悉企业的研发、产品、业务、市场，快速跟进政策变化，思考、理解企业未来战略发展，因此需要具备与岗位相匹配的专业研究能力，提供具有深度和广度的解决办法。

　　案例中，小孙在三个层面展现了专业研究能力。第一，专业度上，小孙参加完政策宣讲会后，敏锐地发现宣讲会的不足之处。第二，快速学习能力上，小孙知道如何快速了解清楚政策项目详情和要求。第三，结构化思考与表达能力上，小孙对获得的信息分门别类、条理清晰地表达，以让领导明白前因后果，快速做出决策。

　　如何才能掌握专业研究能力？专业度、快速学习能力、结构化思考与表达能力缺一不可。

3.1　专业研究的前提：专业度

　　由于多数科技管理人员都是跨界工作，这要求科技管理人员对知识结构形成合理认知。

　　一要能够掌握基本管理科学知识，及时提高自身专业素质，包括广泛学习管理学、经济学、法律学等领域的知识，提升管理能力；提升个人写作能力、语言表达能力、计算机应用能力、统计能力等；能够根据历年科研项目经验，就实际发展需求进行必要性分析和可行性分析，为决策提供合理参考依据和意见。

二要能够熟悉国家省市科研项目管理制度，做到应知尽知，灵活运用，包括掌握国家省市科技政策历年演变情况，熟悉现行科研项目管理办法，对科研项目管理从规划、申报、执行、验收到经费管理、专利申请及保护等的各个环节做到心中有数，都能够掌握基本管理知识；为企业开展科研活动保驾护航，避免出现违法违规现象。

三要能够掌握本领域的专业知识，了解本领域发展现况、发展趋势，包括深入了解本领域内企业或机构的基本情况，了解国家相关科技政策动态，掌握技术转移相关知识，能够及时引进或推广本企业技术，能给科研课题研究提供建设性建议和科学指导，提出具体研究方向和合理研究建议，促进科技成果落地转化。

3.2　专业研究的第一阶段：快速学习

面对浩如烟海的陌生知识，很多人认为要快速掌握简直难如登天。其实，很多人都将快速学习复杂化了。快速学习的目的不是立刻变得比专家还专业，而是快速踏入该领域，不至于一直被拒之门外。开篇案例中的小孙在做科技管理工作之前，负责公司的行政材料撰写，对科技项目申报一窍不通。通过快速学习，举一反三，小孙现在已经能够为公司提出申报建议。换句话说，只有会快速学习，才能掌握专业研究的能力。

3.2.1　快速学习的路径

快速学习的路径见图 3-1。

第一步：　　　第二步：　　　第三步：　　　第四步：
确定材料，　　复盘泛读，　　请教专家，　　再次复盘，
精准泛读　　　重组所读　　　答疑解惑　　　对外讲述

图 3-1　快速学习的路径

第一步：确定材料，精准泛读

阅读材料时，许多人习惯从头读到尾地精读，不仅耗费大量时间，而且接触到的知识面往往相对狭窄，显然不符合快速学习的"快速"理念。与精读不同，泛读不能是逐字逐句地通篇读完，考验的是一个人快速获取主要信息的能力，因此，确定泛读材料内容就分外重要。

刚转行的科技管理工作者想学习"技术转移"，要从关键性材料入手。第一个途径是搜索中国知网、万方、超星等网站上的论文、图书，通过搜索关键词，找到综述性的材料；第二个途径是通过豆瓣、亚马逊、当当等网站，根据关键词如"技术转移"，找到销量较好、评价较高的 5 本书，再通过相关推荐找到关联性比较强的 3 本书，最后再补充 2 本系统性较强的学术著作。

泛读材料的确定，意味着了解一个领域的开始。泛读的要求是快速获取信息，对于无关紧要的、众多细节描述的内容可以先行跳过。首先，用 10～15 分钟快速阅读序言、前言及目录，形成对书的整体性认识。作者通常会在序言中介绍图书写作的背景，在前言中介绍图书的写作结构、内容框架，并简明扼要地介绍各章节内容，书的目录亦是对作者核心观点的提炼。读完这三部分可以迅速掌握核心内容。其次，用 15～25 分钟泛读主要内容。由于时间很短，阅读时需要重点关注概念、模型、公式、核心观点，并且进行划线标注，以方便查找，至于那些故事、案例、说明图都可以忽略不读。最后，用 5～15 分钟做复盘和回顾，把在泛读过程中遇到的术语、问题、想法都记录下来，集中解决。这样，半小时到一小时就可以泛读完一本书，一个时间充裕的周末就可以快速看完这 10 本书。

第二步：复盘泛读，重组所读

快速学习的关键，在于泛读后对所读内容重组。用 2～3 小时，把 10 本书里标注的精华内容，如概念、模型、公式、核心观点等，都放进思维导图里，构建彼此的关联关系，反复修正，搭建该领域的基本知识框架。

第三步：请教专家，答疑解惑

比如，"科技管理"领域里有一个热门术语——"技术合同"，仅阅读材料，未必能掌握对应政策和发展情况，这时可以去联系负责技术合同登记的单位，或者请教技术合同培训讲师，就能豁然开朗。有些专业问题一时半会得不到解答，不必在此过多纠缠，在快速学习阶段，重在建立知识体系和掌握基础知识。

第四步：再次复盘，对外讲述

检验是否掌握新知识的标准是，阅读者能否用直白浅显的语言讲清楚该知识。用自己的语言和知识框架，向一个外行人进行科普，会发现自己有知识漏洞和疑惑之处。这时回到泛读资料里，再次循环上述 1～3 步，对掌握的知识进行查漏补缺。准备好后，再讲一次该知识，直到别人也能理解透彻为止。只有对知识有深刻的理解和应用，才能做到复杂的问题简单说。复盘和对外讲述的整个过程耗时 5～6 小时。所以，每次快速学习新知识都需要花费 20 小时左右。

阅读材料是快速学习最有效、最快捷的方式。此外，参加培训、请教专家，也可以取得不错的效果。以学习德国技术转移模式为例，某科技管理专员在"华转网"上搜索，得知近期有德国技术转移模式分享交流会。报名参加后，该专员初步了解到德国技术转移模式的基本情况，但若想进一步与德国技术转移机构合作，助力公司发展，还需要有更加详细的了解。为此，该专员向领导汇报后，特意报名后续为期三天的专门培训，接洽德国专家，最终将德国某一先进技术引进到公司。

3.2.2　快速学习的注意要点

1. 关注重点内容

快速学习时，总是难以把握什么是应该重点关注的内容。与自然描写、案例、说明、流程相区别的是，需要重点关注的核心观点往往以结论的形态出现，并且有相应事实或理由支撑。比如，科技部火炬中心发布的《关于做好 2020 年国家高新区吸纳高校毕业生就业创业工作的通知》（国科火字〔2020〕98 号）节选：

为深入贯彻习近平总书记关于统筹推进新冠肺炎疫情防控和经济社会发展的重要讲话精神，坚持把稳就业摆在更加突出位置，强化底线思维，健全有利于更充分更高质量就业的促进机制，充分发挥国家高新区在高校毕业生就业创业中的核心载体作用，现就有关事项通知如下：

1. 充分认识高校毕业生就业创业工作的重要性。高校毕业生是国家科技创新的一支重要生力军，促进大学生就业创业，是实现经济持续健康发展、民生改善和社会大局稳定的重要保障。受疫情影响，今年就业压力大，尤其是高校毕业生人数再创历史新高，国家高新区要全面落实党中央国务院决策部署，坚持稳中求进工作总基调，坚持新发展理念，扎实做好"六稳"工作，全面落实"六保"任务，努力克服新冠肺炎疫情带来的不利影响，高度认识高校毕业生就业创业工作是"六稳""六保"中的重要内容，增强做好高校毕业生就业创业工作的责任感和紧迫感。

…………

关注文章段落重要的位置，如段落开头、结尾，这些地方往往呈现结论。节选材料的核心观点十分明确，要求国家高新区采取措施促进高校毕业生就业创业，并用其他事实支撑这一结论。

如果材料中没有明显的重点加粗，可以通过寻找结论的指示词来判断材料或者沟通表达中的重点是什么。当然这些词并不是百分之百出现，在出现时重点关注就可以了。重点内容指示词示例见表 3-1。

表 3-1　重点内容指示词示例

因此	我要说的重点是
表明	显示出
由此可知	证明
由此得知	告诉我们
由此可以断定	问题的实质是

2. 确定学习目标，让研究有的放矢

　　每次接触陌生领域，一般会有学习主题和学习目标。比如，要开项目方案可行性的研讨会，不同立场的人研讨目标也不同。有的人认为该方案可行性很低，快速学习时会倾向于阅读、总结证明这个观点的材料。有的人强烈希望项目方案能够通过，搜集的佐证材料便会截然不同。不论是哪种学习目标，都需要科技管理工作者对此有清醒的认知。来看下面这个例子：

　　　　一个小组要解决"如何做好人才引进"的问题，讨论后形成思路结构图，见图 3-2，希望按图索骥找到解决办法。结构图提出了三个解决思路，但每一个解决思路对应的应用场景、目标对象、具体方案都没有进一步设想。每一个解决思路是否具备可行性，也没有进一步的回答。仔细观察后会发现，

图 3-2　做好人才引进思路结构图

该结构图只是浅显地提出了解决思路构想，并不具备实操性，需要进一步细化。

　　　　经过重新讨论，小组确定任务场景是动员高校给各大企业定向输送人才，目标是一年输送 500 名人才到各大企业中。有了明确的场景，小组讨论思路就明确多了，他们随即将目标拆解：①希望高校配合在毕业季时完成人才引荐工作，定向给企业输送人才；②提供相应的渠道、手段方法，帮助高校去做这项工作。之后根据高校重点会关心的三个问题"引荐渠道""引荐人才到这些企业的理由""引荐方式"搭建思维结构图，更加清晰且有说服力，见图 3-3。

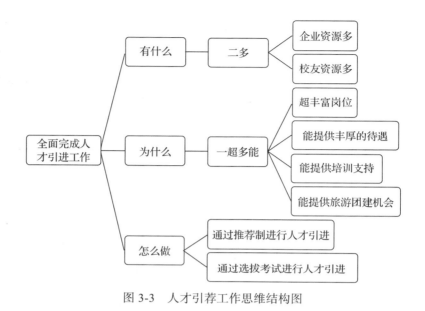

图 3-3　人才引荐工作思维结构图

3.3　专业研究的第二阶段：结构化思考与表达

快速学习和运用快速学习成果，都需要结构化思考与表达能力。不少人认为这等同于会画思维导图，能够分点沟通即可，实际上这是个常见误区，思维导图和分点沟通仅仅是结构化思考与表达能力的某些表现特征。有趣的是，一个人是否具备结构化思考与表达能力，在工作上的表现可谓天差地别。比如，在解决工作难题时，具备结构化思考与表达能力的人能迅速抓住问题核心，忙而不乱；在向老板提出专业建议时，能快速理出重点，结论明确，次序分明。而不具备该能力的人往往厘不清要点，丢三落四，甚至结结巴巴讲了一堆数据和材料，也讲不清楚最后的结论和工作任务。

那么，结构化思考与表达能力到底是什么呢？简要来说，它是一种"先总后分"的思考与表达方式，强调先搭建思维框架，再填充事实细节。先总结概括，再具体阐述；先表明结论，再点明原因；先说重要信息，再传递次要信息。复杂点来说，结构化思考与表达能力强调广度与深度相结合的立体思维结构，即在广度上，要有宏观把握能力，对问题有整体性认识；在深度上，要能根据事项优先级别顺序，排列轻重缓急，逐点深入分析。结构化思考与表达能力是专业研究能力的直接表现。

3.3.1　基本特点

在科技管理工作中，经常会对接到企业的技术需求说明。如某企业准备开展技术合作，要对技术需求进行介绍，由于信息量大且糅杂，缺乏梳理则毫无重点，让人不知从何下手，让人非常头痛。案例材料见图 3-4。

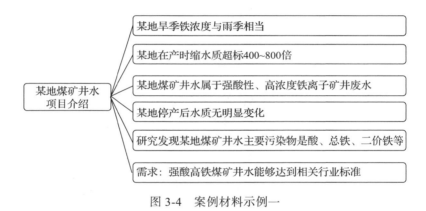

某地煤矿井水项目介绍
- 某地旱季铁浓度与雨季相当
- 某地在产时缩水质超标400~800倍
- 某地煤矿井水属于强酸性、高浓度铁离子矿井废水
- 某地停产后水质无明显变化
- 研究发现某地煤矿井水主要污染物是酸、总铁、二价铁等
- 需求：强酸高铁煤矿井水能够达到相关行业标准

图 3-4　案例材料示例一

如果运用结构化思考与表达能力来重新梳理这些材料、数据，需求信息一目了然，呈现出来的材料效果见图 3-5。

结构化思考与表达的概念来源于芭芭拉·明托的《金字塔原理》[⊖]，书中有个经典案例揭示了结构化思考与表达能力的基本特点。

秘书需要告诉马总经理今天开会的情况有变。因为李总经理受到突发情况的影响，下午 4 点无法参加会议；张经理不能在明天上午开会；而王总经理今晚出差，明天才能回来。另外，会议室今天一直被占用，只有周五才能用。这样一来，会议时间只能

⊖　明托．金字塔原理 [M]．王德忠，译．北京：民主与建设出版社，2006．

改到周五的早上 10 点。

如果你是秘书，你会就这样与马总经理沟通吗？马总经理一定听不明白你到底要表达什么。可是怎么把上面一团乱麻的情况梳理清楚，告诉马总经理呢？

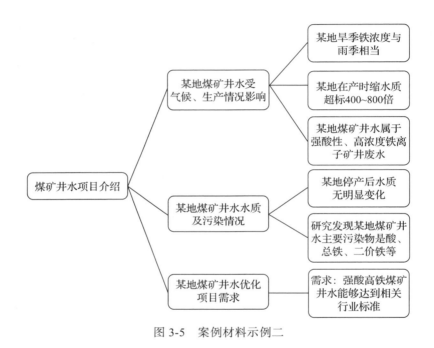

图 3-5　案例材料示例二

一般来说，商务沟通先说结果后说原因是最高效的。也就是说，秘书需要开门见山表达：马总经理，会议是否可以由下午 4 点改到周五上午 10 点？

由于诸多因素影响会议召开，且类型不同，秘书需要对这些因素进行分类总结概括，再向马总经理禀明情况。经过分析，会议改期的原因有两类，分别是人和会议室，将同类原因归到一起，然后根据共性进行概括。李总经理、张经理、王总经理等人今天都无法参会，但他们周五都有时间，这一归类概括是围绕人这个因素来做出的。由于这三个人在职务上有高低区别，在表达时还应注意同类原因要根据一定顺序进行排列，也就是李总经理、王总经理、张经理都不能参加会议。

　　理顺逻辑后，用思维导图进行情况梳理见图 3-6，最顶层一级是结论，第二级是支撑顶层的理由，第三级是支撑第二级的说明。按照这个思路，秘书完全有能力在最短时间内把问题讲清楚。

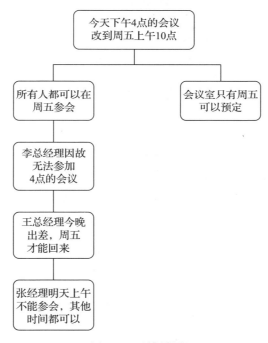

图 3-6　思维导图

　　结构化思考与表达能力最终可以归纳为四个特点：结论先行、以上统下、归类分组和逻辑递进。

1. 结论先行

　　结论先行，是指在快速学习之后，先对新知识、新技术、新材料、新项目等建立起一个总体认知，将结论作为表达的第一步。表明观点后，按照逻辑顺序依次阐述支持观点的事实要点，最后再次总结重申观点。结论先行思维导图见图 3-7。

图 3-7　结论先行思维导图

将结论后置，导致双方需要反复沟通才能互相理解的情况屡见不鲜，来看这样一个案例：

> 某公司业务部门需要向上汇报一项技术转移合作进展。当时该项目才刚启动，汇报人在进行一番简单的研究之后，向老总汇报说，预备合作的技术在国内普及率比较低，宣传远远不足，国内客户对该技术感知度较差，销售端还没打开。
>
> 这还没结束，汇报人接着说，项目组准备把该项技术先和国内部分客户进行对接，投放到社交媒体进行宣传，加速技术转移……
>
> 老总听了半天，最后经过反复沟通，才知道汇报人真正的观点是由于该技术转移难度大，需要更多技术专家、媒体宣传等资源投入，建议引进第三方机构进行合作。

结论先行的思考和表达方式常见于政府公文及项目材料中，来看 2020 年《政府工作报告》中的节选内容：

> 综合研判形势，我们对疫情前考虑的预期目标作了适当调整。今年要优先稳就业保民生，坚决打赢脱贫攻坚战，努力实现全面建成小康社会目标任务；城镇新增就业 900 万人以上，城镇调查失业率 6% 左右，城镇登记失业率 5.5% 左右；居民消费价格涨幅 3.5% 左右；进出口促稳提质，国际收支基本平衡；居民收入增长

与经济增长基本同步；现行标准下农村贫困人口全部脱贫、贫困县全部摘帽；重大金融风险有效防控；单位国内生产总值能耗和主要污染物排放量继续下降，努力完成"十三五"规划目标任务。

　　需要说明的是，我们没有提出全年经济增速具体目标，主要因为全球疫情和经贸形势不确定性很大，我国发展面临一些难以预料的影响因素。这样做，有利于引导各方面集中精力抓好"六稳"、"六保"。"六保"是今年"六稳"工作的着力点。守住"六保"底线，就能稳住经济基本盘；以保促稳、稳中求进，就能为全面建成小康社会夯实基础。要看到，无论是保住就业民生、实现脱贫目标，还是防范化解风险，都要有经济增长支撑，稳定经济运行事关全局。要用改革开放办法，稳就业、保民生、促消费，拉动市场、稳定增长，走出一条有效应对冲击、实现良性循环的新路子。

节选文段先谈结论，即"今年要优先稳就业保民生，坚决打赢脱贫攻坚战，努力实现全面建成小康社会目标任务"，并分点列出。然后根据我国实际情况进行剖析，为结论提供强有力的论点支撑，最后再强调一遍结论"'六保'是今年'六稳'工作的着力点"，进行适当升华。

学习《政府工作报告》有利于我们锻炼结论先行能力。落实到具体应用时，要采用自上而下的方式，确保你在进行快速学习后得出的每一个结论，都是有充足的论点支撑的，它也可以简化为一个纸面公式：

在 ____（条件）的基础上，从 ____（角度）等方面，说明了 _____（结论）。

结构化思考与表达不仅要研究者明白工作怎么做，还要将怎么做落实到明面上，做到自己说得清楚，别人听得明白。

2. 以上统下

以上统下，是在初步得出结论后，为论证结论的正确性或可行性的必要步骤。

某初创型企业的科技管理专员预备在业务部门内介绍科技特派员项目，

她准备的 PPT 报告标题是"特派员项目前景好"。为了方便阐述，她从 5 个方面列了报告大纲，见图 3-8。

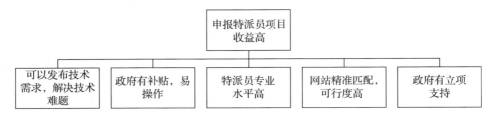

图 3-8　案例材料示例三

仔细观察，我们会发现标题与大纲的内容是有错位的，其中第 1、2、5 项探讨的是特派员项目收益高的问题，第 3、4 项阐述的是特派员和网站的优点，这不符合以上统下的原则。作为结论统领的"特派员项目前景好"无法概括全部 5 个要点。

该专员再三思考后，重新修改了报告的结论和大纲，见图 3-9，从结论到论点都符合结论先行、以上统下的特点。

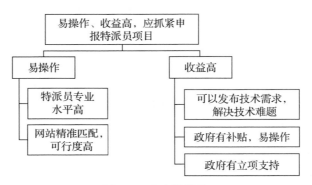

图 3-9　金字塔结构

直接列举要点并不等同于以上统下，而是需要进行逻辑思考，谨慎分类。具体运用以上统下，可以采用两个步骤。

第一步，提前预想问题。这是在已确定主题、观点的基础上，站在对方的角度思考什么是他最关注的问题。

管理科技项目时，会涉及项目经费的使用。目前科研财务助理的工作多数仅停留在做好基础的经费管理上，很少介入业务层面，这让业务部门较难得到来自财务方面的问题反馈。相对来说，科技管理人员中有财务背景的人员，更能帮助企业从战略角度去制定发展策略，因为他们能够换位思考，从业务层面去看待问题。

多数人习惯告知别人有什么，不习惯看对方关注什么。因此，这一步中我们要尽量换位思考，确保在整理信息要点时，能够针对需求和关注点来设想问题，可以通过 2W1H 来实现，即是什么（what）、为什么（why）和如何做（how），见图 3-10。运用这三点，可以解决大部分的结构搭建问题。

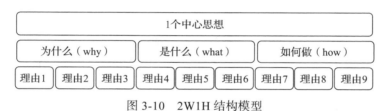

图 3-10　2W1H 结构模型

第二步，回答问题。这是要对每一层次引发的疑问进行回答，并且每次回答都是结论，直到疑问消失为止。

回答问题是简单的，因为作为工作负责人，对工作的熟悉程度肯定远胜他人。需要注意的是，按部就班剖析，罗列过多烦琐的工作细节，容易让人不耐烦。比如，合作方想知道的就是 why、what、how，如果我们一味地围绕产品的差异优势喋喋不休，就难以体现自身专业程度，表现也会不尽如人意。因此，在表现你的专业研究能力时，还要顾及他人的关注点和理解能力。

3. 归类分组

归类分组，是指将杂乱无章的信息，按一定的分类方式进行整理，并能够清晰传达。信息需要归类分组主要是和人脑短期记忆容量有关。乔治·A. 米勒在论文《奇妙的数字 7±2》中提出，一般人大脑的短期记忆最多一次容纳 7 个信息记忆模块，最多可以有 9 个，最少只能记住 5 个，大脑比较容易记住的是 3 个，当然最容易记住的是 1 个。换言之，当大脑所需要处理的信息记忆模块超过 5 个时，就需要按照不同逻辑类别进行归类分组，以便于记忆。我们来看一个案例。

> 部门总监：听说你们的"路演活动"进行得不太顺利，你们准备接下来怎么改进？
>
> 路演负责人：啊……这个……因为现在经济形势不太好，而且投资人也在观望，不轻易投资，我们在调研上还有点欠缺，准备在方向上进行改变，看能否对接到符合要求的路演项目，另外附近企业参与度不高也是个问题……

显然，路演负责人表达了多个要点，但没有经过归类分组，表达非常混乱。具备结构化思考与表达能力的人，通常会以"有 3 点"为基础去考虑。比如，新的项目要求提供哪 3 个方面的材料内容？会议决议由哪 3 个方面组成？

对信息进行归类分组，用"有 3 点"的方式来回答，看看效果：

> 路演负责人：我准备进一步优化"路演活动"的运行管理，大致分为以下 3 点。第一，方向上改为技术路演，开展产业对接；第二，发动附近企业参与；第三，开展深入持续的调研。

虽然不一定所有事情都可以分为 3 点，但尝试用"有 3 点"方法，可以有效锻炼归类分组能力。那么，如何选择合适的归类分组方式？经验表明，归类分组有 3 种方式，分别为时间顺序、结构顺序和重要性顺序分类。

（1）时间顺序：先来后到。按时间变化来归类分组是最简单的方式，并且应用非常广泛。比如，企业下发的年度工作计划表、显示项目执行情况的进度表、桌面任务日历、半年度目标达成阶段等，都是按照时间顺序划分的。当企业想要完成某个任务或实现某个目标时，需要通过一系列的行动来支撑，按时间顺序划分，能够厘清每个阶段应当完成的工作。比如，科技部给出的申报科技型中小企业的简要步骤，按图 3-11 所示执行就可以顺利完成申报。

图 3-11 时间顺序

（2）结构顺序：化整为零。将一个整体通过从外到内、从上到下、从整体到局部的方式，划分为不同部分，便于从不同角度呈现整体的各方面特征。这个整体既可以是实体，也可以只是概念。从图 3-12 所示的部门结构图中，可以清晰地看出该部门一共由 A、B、C 3 个子部门组成。

（3）重要性顺序：水平比较。具有共性的要点可以归类为一组，再在组内按重要程度排序，是重要性顺序分类方式的典型特征，见图 3-13。比如，某一项目专员针对促进技术合作提出了 3 个方案，但每个方案的侧重点不同，呈现出的重要性也有所差别，该专员汇报时就按照方案的重要性顺序分别汇报。《金字塔原理》一书有关结构化思考与表达能力的开会案例中，按职务排序说明人员缺席原因，也属于重要性排序。

图 3-12 结构顺序　　　　　　图 3-13 重要性顺序

需要注意的是，由于一件事情可以采用多种分类方式，要注重分类的连贯性。比如，一个科技项目团队的组织架构可以按结构顺序分为技术组、开发组、测试组等，也可以按时间顺序分为研发、申请专利、销售，还可以按照重要性顺序划分为不同的技术团队。要保证每一次归类分组采用的都是同一种逻辑分类方式，再按分类情况进行排序，而不是交叉分类，否则容易造成分类不清。

4. 逻辑递进

逻辑递进，是指将信息按逻辑顺序组织后，使信息传达清晰，充满说服力。埃利斯需要帮助业务团队整理一份技术资料及数据，汇总成 PPT 报告，供团队内部讨论用。业务负责人仅仅提了讨论的思路和方向，埃利斯必须要从那些零碎的信息点中找到核心主题，有的放矢地组织资料。这是科技管理工作者经常要面对的工作：找出内容结构，包括结论是什么、要点是什么、次要点是什么，这就是逻辑递进的核心。

逻辑递进主要分为归纳和演绎两种方式。归纳主要侧重于清晰地罗列要点。归纳论证是将一组具有共同特点的信息归类分组并概括出结论，上文提及的归类分组就属于此类，本节不再展开。演绎主要是进行有针对性的说服。演绎是概括逻辑推演过程，重点在于最后得出的结论，用结论来证明观点的有效性。演绎论证有两种实现方法：第一种是标准式的演绎三段论，即按大前提、小前提、结论来进行论证；第二种是常见式的 2W1H，即以现象、原因、解决方案为结构来进行论证。两种演绎论证方法见图 3-14。

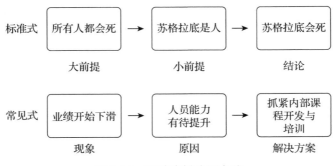

图 3-14　两种演绎论证方法

某科技服务机构为 ×× 企业提供的合作方案框架见图 3-15，就是使用标准式的三段论来说服客户。运用标准式的三段论来表达会得出具有强说服力的结论，前提是必须掌握正确的大前提，包括一般性原理、行业规律、技术规则等。

运用常见式的 2W1H，则需要对现象、原因、解决方案等要点进行分类整理，可以使事情的前因后果、来龙去脉清晰地呈现出来，展现科技管理人员研究预判能力。

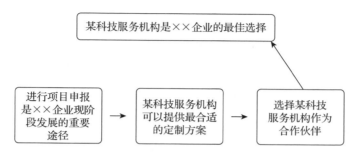

图 3-15 某科技服务机构为 ×× 企业提供的合作方案框架

　　某科技企业研发总监为了更好地组织团队进行技术难题攻关，准备举行一场面向团队内部的难题攻关会。目标是明确任务、逐一攻破、提高效率、增加团队凝聚力。难题攻关会的主题是"在研技术难题攻关研讨会"，利用 2W1H 整理后的结构见图 3-16。

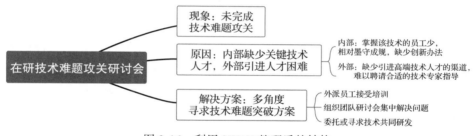

图 3-16 利用 2W1H 整理后的结构

3.3.2 训练方法

　　结构化思考与表达能力可以在多层面上运用。例如，解决问题时，有助于抓住问题的核心，给出有效解决方案；在面对大量信息和数据时，有助于迅速抽丝剥茧，归纳总结；在沟通时，有助于强化表达，使沟通效果更上一层楼。结构化思考与表达能力可以通过多种训练方法来掌握并强化。

1.如何用结构化思维快速明确工作目标：ABCD 目标法

　　进行结构化思考与表达，需要明确任务目标和实现步骤。ABCD 目标法就是用于制定详细目标的工具，每一条目标都要符合 ABCD 的标准：A

代表受众（actor），即任务执行者；B 代表行为（behavior），即对执行者行为表现的预期；C 代表条件（condition），即工作执行的条件；D 代表程度（degree），即执行者应达到的标准或水平。ABCD 目标法见表 3-2。

表 3-2　ABCD 目标法

受众（actor）	×××
行为（behavior）	完成……的任务／表现……的行为
条件（condition）	在……条件下
程度（degree）	达到……的标准或水平

小 A 作为资深科技管理专员，企业希望他能分享自己丰富的工作经验，对新入职的员工进行培训。为完成这一任务，他可以将目标详细制定为：

（1）在我的引导下（C），新同事（A）能够从我的经验中准确（D）总结出科技管理工作常见的情况和处理问题的方法（B）；

（2）根据我分享的工作经验（C），新同事（A）能够运用我所教授的方法准确地（D）完成科技管理工作，并能够处理不同团队间的对接合作（B）；

（3）在给定的客户信息及情境下（C），新同事（A）能够正确（D）运用我分享的方法和技巧开展业务工作，及时对接、反馈客户的需求（B）。[⊖]

2. 如何用结构化表达强化沟通效果：SCQA 表达法

在沟通的过程中，思路清晰、一语中的、重点要点突出，可以提升表达效果，而有吸引力的开场更能强化沟通效果。有吸引力的开场需要精心设计，采用 SCQA 表达法设计故事结构可以使表达更加生动。S 是情景（scene），C 是冲突（conflict），Q 是疑问（question），A 是回答（answer）。S（情景）是为了让听者产生情景共鸣，形成信任基础。C（冲突）是直接指出情景的矛盾点，提醒听者关注眼前的紧迫问题。Q（疑问）是提出双方都在密切关注的问题，加强问题存在的合理性。A（回答）是基于问题给出的最终答案。表 3-3 所示是一个标准的 SCQA 结构。

⊖　李忠秋. 结构思考力 [M]. 北京：电子工业出版社，2014.

表 3-3　SCQA 结构

SCQA 结构	示　例
S（情景）	我司掌握了高技术成果
C（冲突）	高技术难以进一步落地运用成了制约成果转化的瓶颈
Q（疑问）	如何实现技术成果转化
A（回答）	尽快申报合适项目，完成成果转化，实现多方共赢

3. 如何用结构化思维归纳整理信息：MECE 法

面对大量信息和数据，人类需要对信息进行归纳和整理，而人类大脑处理信息的能力是有限的，有针对性地对处理信息的方式进行训练，可以强化归类和总结信息的能力，MECE（mutually exclusive collectively exhaustive）法就是重要的训练方式之一。MECE 法是指贯彻信息"相互独立，完全详尽"原则，即重大议题能够做到不重叠、不遗漏地分类，由此有效把握问题的核心，并提出解决方法。举例来说：

假定团队面临的问题是"我们要提高产品的应用率"，也许你会提出如下一些方法来提高产品应用率：①寻求优质客户资源；②增加宣传费用；③提高营销渠道质量；④增加内部资源支持。

但在上例所列方法清单中，第②、③条实际上描述的都是市场营销的内容，并未贯彻 MECE 法的信息"相互独立"原则，如果用这个清单去分析问题，容易造成逻辑混乱。"相互独立"是指清单内容独立清楚，不存在混淆和重叠的信息，同时囊括了与该问题有关的所有事项（"完全详尽"）。重新整理后见图 3-17。

贯彻 MECE 原则的有效工具是 2×2 矩阵。应用非常广泛的 2×2 矩阵是时间管理矩阵、能力意愿矩阵等。时间管理矩阵（见图 3-18）是将事务按重要、紧急两个维度进行象限分类，得出一个 2×2 矩阵，然后根据实际情况采取不同行动策略，实现有效的自我管理。

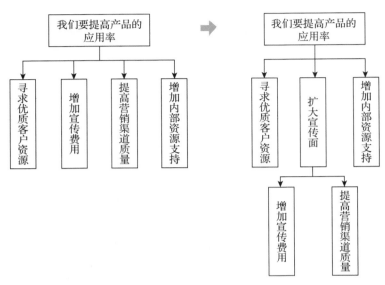

图 3-17　提高产品应用率（前后对比）

　　能力意愿矩阵（见图 3-19）通常用来判断团队成员在工作任务中表现出来的状态，使用意愿、能力两个维度来构造矩阵，根据具体情况采取适当的奖惩激励等手段来进行管理。

　　注意，2×2 矩阵通常不会直接给出解决方案，但能够为使用者提供决策参考依据，辅助决策。

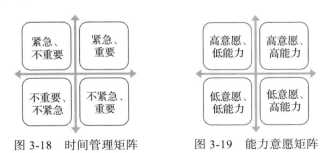

图 3-18　时间管理矩阵　　　图 3-19　能力意愿矩阵

　　某企业的内训部门正在探讨需要开发什么样的培训课程，如果不加以调研，类似这样的探讨很可能无疾而终。内训的目的是加强内部员工素质培养，如果加入业务变化、市场变化这两个重要因素来进行思考，那么可以得出一个新的 2×2 矩阵。如果是新业务、新市场，那么要针对新的挑战来提供知识培训。如果是新业务、老市场，那么要将重点放在提升员工现有的技能上，可以引进成熟的能力提升培训等。可以看出，矩阵工具提供的正是问题的解决思路。

那么，如何构建适合自己的 2×2 矩阵呢？2×2 矩阵的构造要点是找到决定问题走向的两个核心要素。找到核心要素后，可以放进矩阵中形成对应的两难困境。像需求价格矩阵、需求供应矩阵等，都是围绕两个核心要素来辩证地审视问题，这种思路清晰全面，不至于产生逻辑上的混乱。

◈ 本章小结 ◈

专业研究能力作为企业科技管理人才的核心能力，可以通过后天习得来培养，分为两个阶段：快速学习，结构化思考与表达。两个阶段也是两种能力，本章分别介绍了相应的训练方法来指导这两种工作能力的培养。科技管理岗位内容可谓包罗万象，要面面俱到，随时关注细节。作为一名优秀的科技管理人员，通过习得专业研究能力，可以快速适应岗位需求，了解所在企业在研发、产品、业务、市场方面的发展现状，站在企业角度思考和理解企业未来战略发展，更好地应对管理过程中的突发情况，为领导层决策提供一定的参考依据。

第 4 章

核心能力二：全面作战

　　材料写作是科技管理专员在工作中遇到的老大难问题。在某次项目申报技能培训班上，某学员提问道："有没有材料撰写的通用或标准模板，让所有人都能参考使用？在众多材料中，不可避免的是项目的可行性分析，但科技管理专员能力毕竟和技术人员不同，技术部分未必能在报告中阐述清楚，势必要请教技术人员，甚至有时候会让技术人员自行完成。但很多技术人员不具备撰写材料的专业能力，结果就是写出来的报告往往不尽如人意。如果有类似模板可以用，将大大减少撰写时间。"

　　那么，这样的方式是否可行呢？培训老师坦诚回答道："标准化的撰写模板看上去节省时间，但在实际运用中，每次项目评审的专家组成不同，他们对报告的偏好风格是差异化的，有些专家喜欢标准化的模板，可能会给高分，有些专家则不然。另外，不同专题、不同项目是很难套用同样的模板的。面对这个问题，关键在于科技管理专员要灵活运用自己从过去项目中获得的经验，针对不同材料，帮助不同技术人员阐述清楚所需的技术及其技术参数，作为材料的补充，由科技管理专员最后梳理、整合这些材料，达到尽善尽美。"

　　全面作战是一种可迁移能力，展现的是一个人将累积的项目经验和能力迁移到新项目中去。随着可迁移的经验愈来愈多和能力愈来愈强，科技管理专员可借此迅速成为工作多面手，面对不同问题、不同材料都能得心应手。科技管理专员要锻炼全面作战能力，可从日常工作中着手，即锻炼材料写作能力，这当中包括两大模块：①信息搜集与分析；②材料写作与优化。

4.1　信息搜集与分析

信息搜集与分析是根据用户需要找出所需资料，并进行整理、分析的过程，也是全工作流程中的重要任务。根据美国科学基金委员会、凯斯工学院研究基金会以及日本国家统计局的初步统计，科研人员在一个研究项目中，其时间分配大致如图 4-1 所示。[⊖]

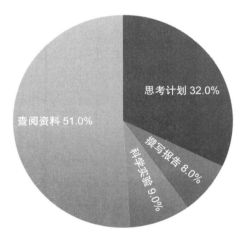

图 4-1　科研人员时间分配

从图 4-1 可见，用于查阅资料的时间占整个科研时间高达 51.0%，可见信息在科技工作中的重要性。只有掌握信息搜集与分析的能力，懂得利用丰富的信息资源，采取高效的检索方法，才能快速获取有用的资料，从而为科技管理人员决策提供重要的参考依据。

⊖　杨云川，杨晶，王清晨，等．科技信息素养基础教程 [M]．北京：国防工业出版社，2013．

2022 年度的高新技术企业申报即将开始，小高是某科技型企业的项目申报专员，为做好此次申报，小高提前在网络上下载、阅读了很多资料进行研究。然而，在园区举办的高企申报培训会上，小高吃惊地发现，他所搜集到的信息不少已经过时，并且遗漏了许多关键内容。小高不得不重新开始为申报做相关准备。

通过这个案例，我们会发现，要想获取有用信息，必须遵循以下三大原则。

4.1.1 基本原则

1. 时效性原则

有时效性的信息对理解任务背景和制定决策都会产生重要影响，因此要时刻注意信息的时效性，确保其充分发挥效用。信息越新，利用价值就越高。反之，信息越旧，利用价值就越低，甚至可能是无效信息。以小高为例，他所搜集到的信息之所以不少已经过时，是因为他在搜集资料时只要看到有关高企申报的资料就通读一遍，没有注意那些信息出现的时间。然而，高企申报政策实际上有新的调整，阅读过时资料的小高自然遗漏了最新的关键内容。

2. 全面性原则

全面性指的是要尽可能搜集全面、完整、符合要求的信息，尽可能避免遗漏关键性信息。围绕关键词不断向外扩展，搜集一系列具有内在联系的信息，用不同信息源去拓展信息的广度和深度。以小高为例，他一开始仅通过网络获取信息，后面主动通过现场信息源，对原有信息进行更新补充。

3. 准确性原则

顾名思义，准确性指的是信息真实可靠。搜集信息需要搜集者去判断和核实信息是否有误，将虚假信息剔除，否则错误信息会大大影响工作效率。

4.1.2　信息搜索渠道

信息有两大传播渠道：一类是正式渠道，即官方的、公开的、公共的搜集渠道，这类信息源内容基本可靠，也相对稳定，但扩散范围较大，不易搜集到一些关键性细节信息；另一类是非正式渠道，可弥补正式渠道的不足，保密性较高，能获取部分关键性细节信息。

1. 正式渠道信息源

（1）浏览政务网站、书籍、报刊、正式报告等，注意搜集相关最新情报。

（2）利用各种信息检索工具、网络数据库（如"开放广东"）进行检索，搜集有价值的信息。

（3）通过各种工具书（如百科全书、年鉴等）和各种事实、数值型数据库（如国家统计局数据库）搜集信息。

（4）通过广播电视、互联网搜集所需信息。

2. 非正式渠道信息源

（1）外出调研，拜访专家、知名人士、智库等，了解相关领域具体情况。

（2）参加国内外研讨会及专题研究会、成果展览会、专题讲座等，通过互相交流来获取信息。

（3）通过私人拜访、私人交流搜集信息。

4.1.3　搜集与分析流程

1. 确定关键词，快速搜集基础信息

利用已知信息，确定搜索关键词，可以采取常用法、追溯法、交替法来进行检索。常用法是指按照关键词出现时间由远及近，或由近及远，或抽查关键词热度期来进行基础信息检索。追溯法是指利用已知信息中的辅助材料，如参考文献、引文注释、次要关键词、附录等进行追踪，这些材料往往可以指引到密切相关的信息线索。交替法是指先通过常用法找出有效信息，再通过追溯法获取全面性信息。

以"企业可申报项目"信息搜集为例，搜集者可先通过政府网站（如科技部官方网站、省科技厅官方网站等）、工具书（如《华南技术转移中心政策资料汇编》等），搜集基础信息，再通过园区宣讲会、私人联络、微信公众号等渠道，将信息进一步补充完整。

通过检索"企业可申报项目"关键词，搜集到的信息有：企业可申请高新技术企业、科技型中小企业、新型研发机构、工程研究中心、技术创新中心、产业技术中心、企业技术中心、制造业创新中心、企业重点实验室、博士后工作站、院士工作站等；可申请高新技术企业奖补、企业研发费补助、研发费加计扣除、各类企业税收减免（优惠）、费用成本减免（优惠）等；还可申请重点研发计划、高端人才计划、高端研发平台（制造业创新中心、产业创新中心等）、其他竞争性研发项目等。

2. 归纳分类

不同信息源搜集完毕后，信息杂乱无章，需要进一步分类整理，可采用"有三点"的方式，从时间、结构、重要性等角度对信息进行基本分类。分类整理已搜集到的"企业可申报项目"信息，结果如下：

（1）企业可申报项目类型通常包括三类：

第一类是资质认定项目，典型特点是以授牌形式赋予资质，如高新技术企业、科技型中小企业、新型研发机构、工程研究中心、技术创新中心、产业技术中心、企业技术中心、制造业创新中心、企业重点实验室、博士后工作站、院士工作站等。

第二类是普惠性项目，典型特点是符合申报条件的话基本都能通过，如高新技术企业奖补、企业研发费补助、研发费加计扣除、各类企业税收减免（优惠）、费用成本减免（优惠）等。

第三类是竞争性项目，典型特点是竞争性较强，科技项目数量往往有限，但申报者众多，成功申报竞争性项目是科技管理工作中的重点、难点，如重点研发计划、高端人才计划、高端研发平台（制造业创新中心、产业创新中心等）、其他竞争性研发项目等。

从难度系数来看，竞争性项目是最难申报的，然后是资质认定项目，普惠性项目是最简单的，只要符合申报条件就能通过。

（2）项目申报过程中通常要求提供三类材料：第一类是申报表，第二类是可行性报告，第三类是建设实施方案，另外还需补充附件材料。部分项目申报只要求提供第一、第二类材料，或是第一、第三类材料，视具体申报条件而定。有些材料甚至会有字数的限制。

3. 信息记录与查找

为了方便记录和查找，应当对信息进行索引化。

（1）整理信息时应当给内容加上标题，具体可采用"时间＋标题＋获取渠道"形式进行记录。×月×日小高在微信公众号上找到202×广东省科技专项申报的文章，整理该条信息时可以记录为：0×0×-《202×广东省科技专项申报》-华南技术转移中心公众号。记录软件可以是印象笔记、石墨文档、钉钉文档等。通过记录，小高可快速找到该条信息。

（2）为方便寻找信息，应当将标题内容索引化。具体可采用分类＋标签法。如将材料按会议纪要、行业资讯笔记、科技政策汇编等进行分类；或按所属科技领域如量子信息、光子技术、第三代半导体等进行分类；或按年月如202×年×月搜集进行分类，将分类好的材料放至同一文件夹，贴上分类标签，注明关键词。信息标签化方便查找，同时可在计算机上安装 Everything 搜索软件，以便快速查找信息。

4. 评估和分析

对收集整理后的信息进行评估和分析，可以为决策管理提供科学的参考依据。一般来说，定性分析和定量分析是常用的两种分析方法。

（1）定性分析是指对信息采用归纳演绎、分析综合、抽象概括等方式进行加工，从而获得关于事物本质的认识，具体可分为三个过程：分析综合、比较、概括与抽象。

（2）定量分析是指对事物的数据特征、数据关系以及数量变化进行分析比较，进而建立数据模型揭示事物本质与一般规律。经验测量、统计分析、建立模型等是定量分析的常用方法。

面对"企业可申报项目"信息，科技管理工作者势必会面临这样一些问题：这些项目该不该申报？能不能申报？定性分析法适用于此时的信息评估，评估和分析步骤如下：

第一步，快速判断所在单位是否符合该项目的申报条件。

1）根据所在单位的性质、规模、所在行业领域，判定是否符合资质要求。如果该项目专题只向高校科研机构开放，企业可以直接忽略该项目，不必关注。

2）对照申报条件，判断所在单位是否满足要求。不少项目申报都有硬性指标，如果所在单位达不到或者不具备该指标要求，也无法申报。如申报科技型中小企业，硬性指标中要求企业必须是中小企业规模，如果不符合这一点，哪怕其他条件都满足，也无法申报。一般来说，这种硬性指标也叫作一票否决指标，假设所在单位有一票否决指标不达标，也可忽略这类项目的申报。

3）对照申报条件后，无法明确所在单位是否满足要求。由于部分可搜索到的申报指南受篇幅所限，未能展示全部指标要求，科技管理专员可进一步查阅详细的申报指南，也可电话咨询相关负责人，确定所在单位是否满足申报条件。

第二步，确定满足申报条件后，快速评估申报命中率。该步骤更适用于竞争性项目申报中。

1）从立项资助数量判定竞争情况。如重点研发计划中，每年在各行业的立项数为3～5项，竞争激烈，如果所在单位在该行业排名未进前100，那么这类项目申报基本是没有机会的。

2）从技术或者能力方面判断竞争情况。科技管理专员需根据所在单位的技术能力和技术团队的信息，研究所在单位是否能够达到项目要求的技术前沿性、先进性，是否有足够的研究积累和基础，科研团队实力是否过硬。此外，还需要对标潜在竞争对手，分析该项目在竞争对手单位是否具备立项的可能性。

竞争性项目通常要求申报者有极强的科研实力，属于行业内领先水平，假设所在单位的科研基础与申报要求相差太远，也可以选择放弃申报。

4.2 材料写作与优化

在科技管理专员的日常工作中，材料写作至关重要，尤其在项目申报中，一份申报材料的好坏，将直接影响项目申报的成败。科技管理专员项目申报材料撰写经验越丰富，越能胜任不同项目的材料撰写要求，这也是全面作战能力的直接表现。

4.2.1 材料写作与优化阶段

材料写作与优化共分为以下三个阶段：

1. 准备阶段

准备阶段也就是信息搜集与分析阶段，占据了整个材料写作的大半时间，只有准备充分，才容易成稿，也可减少大量优化修改时间。准备阶段的工作如下：

（1）明确写作目标。明确写作目标是使材料条理清楚、结构完整的关键，根据写作目标，确定材料要体现的宗旨和观点。在此基础上，选择、组织相关的材料。

（2）分析读者。认真分析读者，才能使你提供的材料符合他们的需要。在写作材料的过程中，要反复询问以下几个问题：

- 谁将是这份材料的读者，是公司内部的人，还是公司外部的专家、客户？
- 如果是内部的人，他们负责什么工作？他们会从什么角度看待这份材料？他们的责任范围又是什么？
- 如果是外部的人，他们与你是什么关系？他们与公司又是什么关系？
- 读者对材料的主题是否熟悉？他们是否熟悉材料中所指的特殊领域？
- 他们对你的观点会有什么反应？

弄清楚以上问题可以让材料写作有更强的针对性。

（3）确定材料性质。材料种类五花八门，类型不同要求也会迥然不同。科技管理专员经常接触到的可能是通知、报告、会议纪要、提案、合同、申报材料、商业信函等。因此需要确定材料性质，来判断材料的复杂程度并决定撰写方式。

（4）列出大纲。明确怎样列出大纲，能够最有利于展示信息的内容、性质、材料观点以及满足读者的需要。

2. 写作阶段

最终材料的广度、深度，十分依赖作者是否熟悉目标材料，是否理解信息内容，是否掌握行文构成。以下写作技巧可以辅助材料撰写：

（1）搭建框架。以章为单位，精确到最细一级目录，通过目录清晰展示主要内容和核心观点，保证整体思路流畅。

（2）填充文字。把准备好的信息堆砌到章节中，不考虑文字细节，不在乎写作顺序，不强迫从头写起，而是先易后难。如果遇到思路停滞、文笔枯竭的情况，适当暂时放弃，继续其他部分写作。

（3）理顺逻辑。初稿完成后通读全文，重点关注段落、句子间的逻辑是否流畅，并进行相应调整，切忌初稿未完成时边写边改。

3. 优化阶段

一份优秀的材料通常都要经过多次打磨，打磨的次数会随着写作技巧熟练程度、材料类型和重要程度发生变化。科技管理工作者可以围绕以下几个方面来进行优化：

（1）增删调换。信息内容是主题的载体，信息质量影响主题表达。修改时要注意信息内容是否能够使主题更加鲜明、集中、深刻和全面，可以通过增加新信息、删除不必要信息、更换所需信息来实现。材料要做到言之有物、充满说服力，必须有严谨的结构安排。修改时要注意结构是否清晰，通常需要重新调整、组合信息，形成清晰的逻辑关系。

（2）言简意赅、准确生动。这是材料写作的基本要求。修改时要注意语言是否规范、正确、生动。

4.2.2 项目申报材料写作

科技管理工作者接触最多且最重要的是项目申报材料，准确、精练、闪光点是材料写作的核心要点。

1. 准确

申报材料信息要求准确无误。不少项目都是网上填报，在申报系统填写相关信息即可。图 4-2 是广东省企业特派员项目申报系统的部分界面，所示部分需要申报者填写，要求信息准确。一旦出错，形式审查无法通过，会影响申报结果。此外，申报要求的材料也需要准确无误地提交。

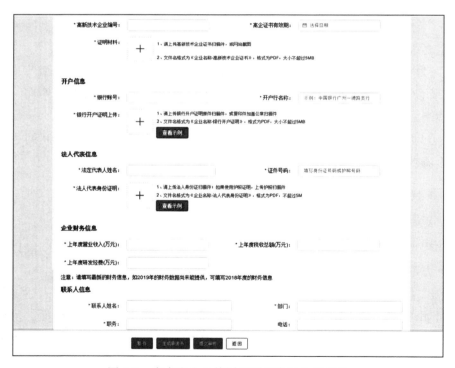

图 4-2　广东省企业特派员项目申报系统界面

2. 精练

申报材料要求紧扣主题，简明扼要，高度概括，表达精准。不同申报系统对材料有不同字数限制，在有限字数中展现企业优势、特点，非常考验材料组织者的写作能力。图 4-3 是申报书中的部分材料内容，分别由两位科技管理专员撰写，如果你是评审专家，你会更倾向于优先评审哪一份？

保障措施：	保障措施：成立专门项目研究小组，将由长期从事科技立法、科技政策、战略研究规划等科研人员、专家学者及立法工作者等组成。制定项目研究路线图，按照项目研究工作要求的时间节点，准时完成各项制定研究工作，做到按时按需。按照研究计划目标完成研究任务，确保高质、高效完成研究任务。
（1）成立项目研究小组。项目研究团队成员由科研人员、专家学者组成，具有长期从事科技战略、科技政策、科技发展规划研究经验。	
（2）建立专家智囊团队。广泛邀请高校、科研机构等各类专家，组成"研究人员+核心专家+大网络"的专家队伍。	
（3）制订项目研究计划及实施节点控制。制订详细的研究计划，明确时间节点和阶段性目标，按时完成任务。	
（4）按照研究计划目标完成研究任务。按照研究方案、项目进度、项目指标等推进项目实施，确保高质、高效完成研究任务。	

图 4-3　保障措施示例

项目评审时，专家的工作强度较大，时间和精力有限。图 4-3 中右侧材料的文字密集堆砌，主题不突出，增加了阅读难度，专家需要花费更多精力去理解，很可能给出较低的分数。而左侧材料结构化列举撰写，层次分明，主题突出，内容简洁明了，专家可以快速、高效地评审，更可能打出较高的分数。

3. 闪光点

申报材料撰写者需换位思考，多从评审专家的角度考虑，让企业情况、优势一目了然。多站在竞争者的角度考虑，对标同类企业，突出所在单位申报优势。

标题靓丽是至关重要的。标题是研究项目核心内容的高度概括，是获得评审专家青睐的第一步。标题冗长会让评审专家质疑申报者的能力：怎么连标题都写不好？而且，长标题在系统表格中有时可能无法完全显示，因此标题要尽可能让评审专家一眼看完、看懂。

表 4-1、表 4-2 是随机选取的国家自然基金获得者的申报书标题，并按字数升序排列，体现出标题的凝练性。

表 4-1　国家自然基金获得者申报标题（一）

标　题	字　数
镜像化学生物学	7
大规模数据统计推断	9
病原菌致病机制研究	9
消费者情绪与行为决策	10
微结构光热转换材料与器件	12
排队经济学与服务运营管理	12
鱼类消化道微生物与宿主互作	13
肿瘤免疫调控的细胞与分子机制	14
水稻种质资源创新与优异基因挖掘	15
智能柔性－驱动机器人理论、技术与装备	18

以上列举的是 20 字以内的标题，我们可以对比少于 20 字的和超过 20字的标题在阅读观感、信息量、有力度、吸睛度方面的差异。

表 4-2　国家自然基金获得者申报标题（二）

标　题	字　数
农村型黑臭水体形成的硫循环关键功能微生物及其与碳、氮、铁循环功能微生物间的互作关系研究	43
基于 CRISPR/Cas 识别原理的纸芯片研究及其在肿瘤基因突变、甲基化可视化检测的应用	36
长江中下游成矿带斑岩－矽卡岩型铜金矿床中镉、钴、硒、碲和铼等关键金属富集机制研究	40

通常，优秀的标题具备以下特征：①清晰；②简洁；③意义深远；④字数在 20 字左右；⑤避免陈词滥调；⑥避免夸大其词。撰写者可采用正向法和逆向法。正向法是指如果尚未想好标题，或对现有标题并不满意，先写出 3～4 个关键词，通过排列组合拟出至少 10 个标题。之后可以应用逆向法，即反复考量这些标题：它们是否传达出了项目重点？这些标题还能更精简、清晰、精确吗？反复修改，直到满意为止。

4.2.3 可行性报告写作

项目申报材料中，可行性报告是重中之重，有些项目申报甚至要求可行性报告作为独立材料，单独成文。可行性报告通常由两大部分组成：一是研究报告，一般包括立题依据、国内外的研究动态、研究目标、研究方案、项目创新点和拟解决的关键问题、经费预算、预期研究成果、年度研究计划等，部分专题会有额外要求；二是研究基础，一般包括工作基础、研究团队实力，以及所承担科研项目的进展等。

1. 研究报告

（1）立项依据。通常围绕四大角度说明。第一，本次立项符合国家、省、市的发展纲要，产业政策要求，政策顶层设计。第二，与项目申报指南有明确衔接，紧扣项目申报要求。第三，突出项目的必要性。第四，紧扣研究主题，分层次阐述。

（2）国内外的研究动态。由于国家级和省级课题在申报项目中占比相对较高，在材料写作时应有全局观，清晰说明课题研究领域的最新动态及发展方向。而阐述最新的技术动态、文献研究动态，需要科技管理专员、企业技术专家、科研人员相互配合，提升材料水平。同时审查所在单位的科研实力是否达到申报国家级、省级重大重点项目要求。申报表一般有字数限制，要注意结论的凝练。

（3）研究目标。一般从技术目标、经济目标和理论目标三个层面展开，要能够基本体现课题的研究方向。部分可行性报告模板也会有具体要求。

技术目标，通常是指项目研发需达到的技术参数，即达到填补国家、省、市或行业领域的技术空白，或达到国内外领先水平、先进水平等。

经济目标，通常是指企业的生产能力，涉及销售收入、地区税收贡献、促进就业等方面。经济目标不可盲目贪大，必要时需要企业财务部门客观估计销售收入、纳税等情况。

理论目标，通常是指科研项目结项时企业科研人员发表的论文数量、申请的专利数量、企业获得的生产批件、行业标准修订等。

（4）研究方案。需要分别从技术方法、技术路线与实验方案、研究内容三个层面进行论述。首先，技术方法（研究方法）是指开展本项目研发活动所采用的相关技术、研究方法，撰写时要重点突出技术的前沿性、先进性和可行性，彰显技术的强竞争力。其次，技术路线与实验方案要求具体论述，让评审专家通过申报书就能够初步判定：通过该技术路线与实验方案可以实现申报书的研究任务、研究目标。注意，技术路线与实验方案要同研究目标相互联系。最后，研究内容要具体、明确，体现各部分的联系性、整体性，支撑起研究主题。部分可行性报告由多人执笔，材料东拼西凑，导致报告内容关联性较弱，难以体现可行性，通常得分不会太高。研究方案展现形式见表 4-3。

表 4-3　研究方案展现形式

研究方案	研究内容	研究目标	保障措施
文献研究	技术交易市场相关理论	了解国内外技术交易市场体系建设模式	研究团队保障
	国内外技术市场建设经验	掌握广东技术交易市场发展情况	研究方法保障
	广东省技术交易市场发展现状及问题	构建技术交易市场体系框架模型	文献质量保障
实地调研	调研国内外 5～8 家典型技术交易平台经验	深入了解国内外及广东技术交易市场体系建设情况	调研对象具有针对性准确、全面记录调研情况
	调研北京、上海、浙江等地技术交易市场建设经验		
	调研并掌握广东技术交易市场发展情况		
建立规范研究	分工撰写研究报告	形成项目研究报告	明确项目分工
	内部研讨修改完善	形成决策咨询报告	控制时间节点
	专家研讨修改完善	形成政策、规划文件稿	建立专家智囊团队
突出决策应用	决策咨询报告	撰写决策咨询报告	紧紧围绕政府决策需要
	政策、规划文件稿	撰写政策、规划文件稿	
	项目相关论文	撰写决策咨询报告	

（5）项目创新点和拟解决的关键问题。要求申报者回答技术创新点、研究方案中技术路线的创新性、预备产出的技术成果等问题，即要求申报者从研究方法创新、技术路线创新、研究结论创新、研究成果创新等四个维度来撰写材料。拟解决的关键问题要与研究目标相呼应，因此需要分析项目实施过程中可能出现的关键问题、对预期目标有重要影响的关键因素等，最后将信息凝练成"拟解决的关键问题"。

（6）经费预算。注意事项主要有两个方面：一是要严格按照国家、省、市相关政策编制预算，例如《广东省财政厅 广东省审计厅关于省级财政科研项目资金的管理监督办法》（粤财规〔2019〕5 号）等文件。随意编制，与政策文件要求相违背，极有可能在形式审核或专家评审时不通过。二是根据课题类型及项目实际资金支出需要编制预算，一般要求设立专项账户管理。

（7）预期研究成果。预期研究成果一般是结论性陈述，分为两个部分。

一是研究预期成果，包括技术成果、专利成果、新产品产出、论文发表、人才培养等，应结合项目资金规模、项目类型等情况编写。

假设 A 项目经费预算为 10 万元，研究预期成果就不需要写成"形成国际一流技术"或是"行业前沿新成果"。因为 10 万元的预算显然难以达成上述成果。假设 A 项目经费预算为 1000 万元，撰写研究预期成果就需要斟酌，除了完成项目要求产出的成果外，是否还能达到更出色的预期成果（如技术细节、技术参数进一步提高），这样可以帮助 A 项目的申报方案在众多同类企业中脱颖而出。

二是项目预期效益，包括经济效益和社会效益。经济效益指的是申报者承担该项目能够为企业带来的直接经济收入，或是企业生产能力扩大情况，或是利税缴纳情况，或是在市场竞争中使价格降低情况等。社会效益一般是指项目实施后为产业及当地带来的间接效益，如在促进技术进步、行业发展、产业链延伸、增加就业、提高人民生活水平等方面所起的作用。值得注意的是，为防止项目验收时，申报材料与验收时实际财务数据有出入，项目预期效益应由专业财务人员根据公司的实际情况进行测算，不宜盲目夸大，避免验收不通过。

（8）年度研究计划。撰写相对简单，只需按项目实施周期、研究实际情况编制可行的年度研究计划，并说明年度关键节点目标。

2. 研究基础

研究基础主要围绕三个方面——工作基础、研究团队实力，以及所承担科研项目的进展，应注意四个要点。

一是突出前期研究基础。主要是将团队过去相关研究项目、技术成果、研发活动基础设施等在材料中详尽展现。一般重大、重点、竞争性比较强的项目要求相关业绩，具备相关项目经验的单位更容易申报成功。

二是要突出项目团队的实力，即突出所在单位的专家数量和资历资质、研发技术水平等。如果项目接受联合申报，可与其他高校院所进行合作申报，邀请相关领域高水平专家加入研究团队，使研究团队整体实力较高，研究经验相对充足，人员结构更合理。需注意的是，人员结构上，除技术专家外，还需考虑纳入战略专家、项目管理专家、财税专家等，做到人员结构完善、合理，展现项目开展所需的团队综合实力。

三是要突出研究成果的丰富性。重大、重点专项通常都会有指标要求，在多个申报者都可以顺利完成专题要求指标时，评审专家会优先考虑可能产生更丰富、更先进成果的申报者。所以，除了紧扣项目申报指南专题目标，还应适当增加其他研究成果，包括技术成果、产品成果、专利成果、论文成果等，做到丰富多样而不夸大。

四是要突出创新性和可行性。通常，科技管理专员承担材料撰写工作，他们一般存在技术短板，因此要及时和技术研发部门对接，理顺技术实施逻辑，确保申报书的实施方案、技术路线可行，进而以严谨、美观的技术路线图、研究方案流程图展现方案可行性，为项目申报书加分。

◆ 本章小结 ◆

全面作战能力的提高，可使科技管理专员迅速成为工作的多面手，独当一面。锻炼全面作战能力，可从锻炼材料写作工作着手。具体来说，主要分为两大模块——信息搜集与分析、材料写作与优化。信息搜集与分析要遵循时效性、全面性、准确性原则，按照特定的流程从正式或非正式的渠道进行信息搜集，并运用定量或定性的方法对信息进行评估和分析。材料写作与优化可分为准备、写作、优化三个阶段，准确、精练、闪光点是材料写作的核心要点。在众多材料中，可行性分析报告至关重要，要多做实际演练。对于科技管理工作者来说，无论面对何种材料都能快速上手，才算是掌握了全面作战能力。

第 5 章

核心能力三：快速反应

开篇案例　　企业进行科技创新是为了突破企业或技术上遇到的瓶颈，或是进行对危机的破局行动，但是研发活动本身是一种高风险的活动，由于研发项目本身的复杂性、外部环境的不确定性，以及研究人员的能力局限性，从事科技创新活动的科学家、研发人员、企业领导者等始终在项目可能失败、中止、延期等风险中前进，科技管理工作者同样如此。田老师受邀为公司新入职的科技管理专员培训，他回忆起刚入职时，他被紧急调入投标小组，参与一个重大科研项目的投标，要在短短两天时间内完成 100 多页的投标方案。由于前期调研准备工作欠佳，工作难度远超团队想象，材料撰写进度难以推进。有人建议向领导请示，请求推迟任务完成时间。但投标小组负责人严厉斥责这种行为，并要求所有人通宵加班赶制材料。最终，团队在开会前 2 小时提交了接近 150 页的投标方案，尽管还有诸多瑕疵，但最终领导还是认可了该版方案，投标工作也得以顺利推进。

　　任务结束后，投标小组内部进行了复盘，负责人再次向团队成员强调，既然承诺了，就应该在规定时间内完成。无论领导还是别的客户，他们关注的都是结果，而不是完成不了的原因。我们需要做的就是快速反应，将工作做到、做好。

　　田老师的分享意在说明，作为科技管理工作者，经常接到突如其来的任务，有些难度远非当下能力所及，此时就会面临任务难以完成的风险。唯一的解决办法就是科技管理工作者快速反应，完成繁杂、多元的任务。

快速反应是一个人的职业素养和工作能力的综合体现，要求不畏艰难，保质保量高效完成工作，需要具备承诺力和完成力。在田老师的分享中，承诺力体现在投标小组负责人否决了推迟任务完成时间的请求，选择通宵加班完成工作；完成力体现在团队最终交出了领导满意的 100 多页投标方案，而非敷衍了事。

5.1 承诺力：保证任务完成的效率

《新华词典》将"靠谱"释义为"可靠，值得相信"。工作中的"靠谱"，就是承诺的事情必然办到。在职场中，靠谱的人是一种稀缺资源。如何成为一个"靠谱"的人呢？要求我们提升自己的承诺力，说到做到。

从时间角度看，承诺力主要是指按时完成指定的工作任务。一个有承诺力的科技管理工作者需要对不同任务的完成时间做出清晰的规划，并在指定时间内完成。在这个过程中，科技管理工作者通过一次次承诺的兑现累积上司和客户的信任，奠定职业深度发展的基础。如果"计划赶不上变化"成为常态，科技管理工作者的失信行为会逐渐消耗他人的信任，留下"不堪大任"的形象，导致在竞争大流中失去主动权。

5.1.1 影响承诺力的因素

承诺力强弱的表现，在于是否能够兑现承诺。在科技管理工作中，科技管理工作者的承诺力越强，说明兑现承诺的效率越高。现实工作中经常出现的情况是承诺无法兑现，导致工作效率大幅下滑。影响承诺力的因素通常有三种。

1. 遗忘承诺

由于科技管理专员通常要并行处理科研项目全流程中的不同任务，如经费管理、项目计划制订、中期检查、项目验收、档案管理等，如果缺乏对多项任务清晰的认知和规划，全凭记忆和直觉去推进工作，必然会导致工作杂乱无章，遗忘承诺的风险势必飙升。比如，科技型中小企业资质每年在固定时段都需要重新认定，科技管理专员容易出现忙于其他工作而错过申报期限的情况。

2. 难以实现承诺

如果科技管理工作者缺乏经验且未做前期调研，则容易低估项目难度，轻易给出具体的完成时间和质量保证的承诺，最后的结果却是无法按期完成，或即使硬着头皮完成，任务结果也不尽如人意。

3. 草率承诺

科技管理工作者如果总是草率地对待自己的工作任务，随意安排工作时间节点，通常较难能在行动中恪守承诺。长此以往，科技管理工作者的承诺力不断被折损，这不仅会辜负他人的期待，也会被打上"不可信任"的标签。

5.1.2　提升承诺力的方法

如何锻炼并提升承诺力？项目优先级清单、高效专注、及时求助他人，是提升承诺力的三大方法。

1. 项目优先级清单

（1）制定项目优先级清单。科技管理是一项链条长、内容繁杂的工作，涉及公司内部技术项目的提出、申报、立项、推进、评估和技术维护等，一时之间难以厘清具体的任务工作量。若缺乏清晰的工作规划，科技管理工作者就像"毫无准备就上场的士兵，被满天炮火轰得四处乱窜"，常常丢三落四。科技管理工作者需要学会对复杂的任务"庖丁解牛"。经验丰富的科技管理工作者会将项目工作细致分解，并按照项目阶段归类，制定清晰的项目规划。如果时间紧、任务重，各个项目阶段都应优先完成最重要且最紧急的工作。判定工作任务的优先级别的方法，是根据该工作任务完成后创造的价值和任务时间损耗情况两个维度，进行优先级的排序。

最高优先级的工作任务，是指需要立即或紧急完成，且能带来最大价值的工作。次高优先级的工作任务，是指需要花费大量时间，未来可能带来最大价值的工作。最低优先级的工作任务，是指完成后也不会带来什么价值，但是需要耗费大量时间、精力的工作。

著名的"二八定律"告诉我们，工作中80%的价值是由20%的工作量创造的，而剩下20%的价值却要由80%的工作量来完成。在对工作任务进行优先级排序时，要优先关注那些可能带来80%的价值的工作任务。无论投入多少时间和精力都只能获得20%的价值的工作任务，属于工作中的"拖后腿事项"，多数属于重复性较高的工作，比如整理客户资料、更新客户意见、处理邮件等，可以事先整理出一套标准流程，在固定时间范围内将这类工作处理完成。

通常设置当天任务优先级清单的最佳时间是早晨或正式开展具体工作前，此时大脑尚未被各项事务占据，可以对工作内容充分思考。切忌将各项工作的时间安排得过于紧凑，要留有一定的缓冲和休息时间，或是应付意外情况的时间。若担心遗忘，不妨在电脑桌面上设置清单软件，或是利用亮色便利贴写下任务信息，贴在办公桌的显眼处。

假设当天某项任务是"科技特派员项目申报材料的收集"，涉及多个部门，沟通协调往往占据大量时间，并非一天就能完成。建议罗列任务时要具体，比如，详细列出今天要收集哪几份材料和完成任务的大致时间。切忌设置过于笼统的任务清单，否则眉毛胡子一把抓，抓到哪儿算哪儿，很容易造成当天必须完成所有材料收集的错觉，挤压占用其他任务的时间，导致整体工作效率严重下滑。

（2）完成迅速但不要求美观（quick and dirty）。在质量尚可的情况下，保证任务按时完成，这同样符合承诺力的要求。科技管理工作者需要在面对一项涉及诸多细节的任务时，懂得抓主要矛盾，确保最核心的问题得以解决，细枝末节部分允许存在瑕疵，不强求完美。

"90-90 法则"是指从 90 分到 100 分所要花的精力和从 0 分到 90 分所要花的精力一样，即越往上走，困难越大。完成一项任务要花费 90 分的精力，把任务做到完美要额外付出 90 分的精力。因此在期限时间内接受 90 分的事实，在时间允许情况下再去追求完美，也不失为一种策略。

◀◀ 案例 5-1 ▶▶

科技管理专员小陈参与了某项生物医药领域的合作项目，今天早上领导临时要求他下班前交一份项目汇报 PPT，用于明天上午的项目进度会。而临近下班，领导也没收到 PPT，询问后才知道，小陈只用寥寥几页就做完了汇报内容，剩下的时间都花在编辑美化上，导致迟迟完不成工作。

时间要花在刀刃上，过度追求形式完美，不注重实质内容，是本末倒置的做法。

2. 高效专注

干扰是导致工作效率受到影响，难以及时兑现承诺的一个重要因素。干扰体现在工作进度频频被打断，不断有新工作加入任务清单，注意力不集中频繁走神等方面。干扰分为内在干扰和外在干扰。内在干扰，指的是注意力不集中，工作断断续续地开展，导致所需的时间和精力远远超出预期，效率降低。外在干扰，指的是在专心工作时受外界事物打断，如突如其来的电话、同事有心无心的搭话、额外加入的任务等。无论内在干扰，还是外在干扰，我们都应该采取积极措施减少干扰的影响。

（1）番茄工作法。对付内在干扰，番茄工作法是一大利器。1992 年，弗朗西斯科·西里洛发明了这种高效的时间管理方法，强调时间管理的核心在于"一次只做一件事"。方法是安排 25 分钟的时间，在该时间段内，专门将精力投放在某项工作之中，然后给自己 5 分钟休息，按照这个节奏去开展工作，直到将这项工作完成。如今有许多应用番茄工作法的 App 可以使用，比如番茄 ToDo、时光序、印象笔记等。

搭配番茄钟，制定项目优先级清单，预估所需时间，可以有效提升工作效率。比如需要整理国家科技政策的资料，可以先确定具体需要哪些内容，每项内容大致需要多少个番茄钟。番茄钟启动后，就只能做资料整理工作，保证在 25 分钟内专注、集中地完成任务，在短暂休息后，继续投入到下一个番茄钟。

◀◀• 案例 5-2 •▶▶

"花 3 小时拟出技术转移服务协议书"是小刘今日清单上的任务。撰写协议书是一项考验工作经验、需要缜密的思维去处理的工作，不仅需要事无巨细地列出甲乙双方合作的条款，还需要参考大量资料以确保列出的条款符合双方利益和法律要求。时间紧、任务重，小刘决定用番茄工作法来完成这项工作。首先，她将工作拆解为拟定甲方条款、拟定乙方条款、双方协商事项和保密协议这四个部分。接着，小刘预估前两个部分各需要用一个番茄钟才能完成，后面两个步骤合用一个番茄钟。用软件设置好番茄时间后，小刘全身心投入工作中。

（2）减少外界干扰的措施。外界干扰是相对难以完全排除的，只能尽量减少和避免，措施如下：一是关闭提示。关闭微信、QQ、电子邮件、钉钉、电话铃声等消息提示，设置免打扰模式，可以有效减少信息干扰。为避免错过关键信息，可以设置合理的时间间隔查收信息，比如每小时花 10 分钟处理一次消息。二是口头交代。提前礼貌地告诉他人你正忙于工作，不方便聊天，可以稍后再进行沟通，通常他人都会表示配合和理解。三是戴耳机。工作环境往往难以控制，不可能要求所有人保持安静，让你专注于工作。戴耳机至少可以隔绝部分外在声音，也不失为一个好办法。

如果实在是排除不掉的外在干扰，应该衡量该干扰的重要性。比如，当你正专心撰写政策汇编材料时，公司的 HR 邀请你参与某岗位招聘的面试，此时需要综合考虑两件事情的紧急和重要程度，明确优先级，再选择合适的处理方法。如果是材料写作更重要，则考虑找更合适的人协助或代替你去面试；如果是招聘更重要，则先暂缓材料写作工作；如果难以衡量，可以向对方说明此时处境，一起协商如何更好地安排工作。

3. 及时求助他人

如果所有工作都需要亲力亲为，必然要花费大量时间和精力，且质量难以保证。任务验收者看重的是结果，至于任务是否由个人独立完成，其实并不重要。因此通过合理的资源调配，寻求他人帮助或者授权他人工作来推进项目实施，保证任务完成，有助于提升承诺力。及时求助他人亦有方法可循。

一是要表达求助原因和工作意义。不管因为自己工作太多，分身乏术，还是因为超出自身能力，抑或是因为对方资源能够极大提升效率，无论出于什么原因，都需要诚恳表达求助原因来说服对方。清晰阐述工作意义，能让对方清楚地认识到事情背后的价值和逻辑关系。这有可能直接决定对方是否愿意提供帮助。

二是明确所需要的具体帮助。由于他人无法短时间内全局把握项目进程，因此说明清楚具体的需协助的事项，可以让对方快速有效反应，以解燃眉之急。

三是说明事情紧急程度。在发出求助信息的时候附上事情紧急程度，这样对方也会考虑提升任务的优先级，此时要尽量保证双方能够相互配合，让工作能够在规定时间内顺利完成。

四是诚恳表达感谢。无论最后你的求助是否得到积极回应，以及别人的协助是否帮你实现了预期目标，他人愿意付出额外的时间和精力帮你解决问题，都值得你送上诚挚的谢意。

◀▪ 案例 5-3 ▪▶

为帮助公司员工掌握技术合同登记流程，小冰需要邀请技术合同登记专家开展培训。然而小冰过去从未接触过相关专家，仅靠小冰个人寻找和邀请可能费时费力，最后也不一定能够邀请到合适的专家。小冰刚好知道部门副总监刘总认识相关专家，此时他大胆向领导求助，请刘总帮忙联系。很快，小冰对接到了专家，成功地为公司员工举办了技术合同登记专场培训。

科技管理工作者可以通过上述行动来提升承诺力，不可忽视的是，一个人所处的环境也会极大影响承诺力的实现。因为承诺力是会互相"传染"的，越是有高承诺力的工作环境，越能影响环境中的人重视执行承诺力。大多数环境是拥有不同承诺力的人在交叉混合工作，在日常环境中，科技管理工作者应尽量避免受到低承诺力的影响，多接触承诺力高的人，提高自身的被信任度。

5.2 完成力：保证工作完成的质量

完成力是指完成一件事情的能力，小到定下的每日搜集最新政策情报的目标，大到运营独立项目，无论什么工作都需要完成力。一项任务需要明确的执行方向和可行的行动策略，更需要高效的执行速度。影响完成力的因素一般有三类：一是心理壁垒，即在面对问题时，人很容易产生失控感和畏难心理，害怕自己无法完成；二是协作困境，即团队协作时成员任务分工不明晰，各抒己见，难以紧密协同；三是风险困境，完成任务总是有风险的，临到截止日期才发现潜在的风险比比皆是。

如何构建自身完成力？高效执行、进度控制、风险控制是三大法宝。

5.2.1 高效执行

高效执行的关键在于目标的制定以及计划的展开，从而保证计划顺利落地实施。有时候，一个好项目既不缺资金，也不缺人才，但最终还是失败了，问题出在团队成员执行不到位上。

1. 执行到位的前提

执行到位的前提是科技管理工作者明确任务目标和制订详尽计划。我们不妨思考以下问题：①你或你的团队需要做什么？（我们在开始工作前，应该明确任务内容，并对任务目标量化和具体化。）②为什么要做这个工作？（明确任务的意义能够强化团队成员对项目的重视程度。）③任务应该在什么时候完成？（每一项工作都具有时效性，需要我们在规定时间内完成。）④具体由谁来执行？（分配工作需要责任到人，才能防止出现工作被遗漏和互相推诿的情况。）⑤如何执行？（需要提供最高效率的执行办法，以避免走错路、走弯路导致资源浪费和效率低下。）⑥期望达到什么效果？（明确任务标准，有助于任务以结果为导向，为开展工作指引方向，有利于对结果进行客观评估。）

只有制定的目标和计划能回答以上问题，才能进一步讨论如何高效执行。

2. RACI 矩阵

高效执行离不开 RACI 矩阵的使用，见表 5-1。科技管理工作通常需要跨部门、跨领域协调，势必会牵涉多个工作角色，使用 RACI 矩阵可以明确团队职责，责任到人，任务到人。

表 5-1　RACI 矩阵

任务	角色					
	角色 1	角色 2	角色 3	角色 4	角色 5	角色 6
任务 1	R		C			
任务 2	R		A		C	
任务 3	R	R	I	A		I
任务 4			C		R	
任务 5	A	C		I		
任务 6		I	C	C		R

注：R = responsible，执行人；A = accountable，责任人；C = consulted，咨询专家；I = informed，被通知者。

（1）RACI 的具体含义如下。

1）谁负责（R = responsible），即任务中的执行人，负责任务指标的完成，并对所完成结果负责。

2）谁批准（A = accountable），即任务中的责任人，相当于一个统帅的角色，需要承担整个任务的责任，只有经其同意和批准之后，项目才能进行。

3）咨询谁（C = consulted），即任务中的咨询专家，掌握最全面的项目信息和资源，具备指导工作顺利开展的能力。

4）通知谁（I = informed），即任务中的被通知者，拥有获知权利、应及时被通知结果的人员，却不必向其咨询、征求意见。

（2）使用 RACI 矩阵的步骤如下。

1）对于整个工作流程有清晰的认识，明确具体的任务，同时将拆解后的小任务填写在 RACI 矩阵的第一列中。

2）确定工作流程中涉及的所有角色，将角色信息记录在 RACI 矩阵第二行的表格内。

3）在 RACI 矩阵中，每一个角色都用不同的颜色显示出来。

4）制定 RACI 矩阵，应当遵守 R 角色唯一性原则，即最好每个任务中有且只有一个 R 角色。缺少 R 角色，会导致任务缺少具体的执行人，如表 5-1 中的任务 5。此时应当在任务涉及的工作人员中，挑选一位能够为此任务负责的人来担任 R 角色。若一项任务中有多个 R 角色，如表 5-1 中任务 3，表示此时该任务出现了两位责任人，继续执行该任务容易出现权责不清、互相推诿的情况，那么此时需要择其一作为责任人，或对该流程分解出两个子流程，然后给每个子流程各分配一位"R"。

5）当你需要支援时，"C"作为咨询专家会配合你的工作。他掌握了相对充分的项目信息且有足够的经验作为参考，当你对任务各个环节存在困惑时，"C"能够结合实际情况给出切实可行的建议。

◀◆ 案例 5-4 ◆▶

RACI 矩阵运用起来相对简单，只需要先将任务分解放进表中的第一列，然后根据角色的职责，在 RACI 表格中填写相应的项目团队角色，见表 5-2。

表 5-2　RACI 分工矩阵

任务	执行人（R）	责任人（A）	咨询专家（C）	被通知者（I）
确定测试范围	项目团队	项目经理	技术专家	研发总监
制订项目实施计划	小 A	项目经理	项目团队	项目团队
设备采购	小 C	小 A	财务专家	项目经理
实施测试	项目团队	项目经理	技术专家	研发总监

在表 5-2 中，不同的人在不同的位置承担了相应的工作。在这个矩阵中，项目团队的主要工作是确定测试范围、实施测试，其中细分的两项任务即制订项目实施计划和设备采购分别派给了小 A 和小 C，所以他们和团队一起共同扮演了 R 角色，即执行人的角色。项目经理需要为整个团队的结果负责，因此项目经理主要扮演了 A 角色。如果发现某个人的工作量失衡，承担太多的工作，项目经理需要统筹协调安排，使整个团队处于平衡状态。在整个执行过程中，项目团队所遇到的种种问题可以向财务专家或技术专家咨询，那这些人在这项任务当中扮演的是 C 角色。最终任务完成后，还需要汇报给其他需要了解该任务情况的人，如研发总监等，他们扮演的就是 I 角色。

5.2.2　进度控制

如何在限定时间内完成预期目标，是每个项目面临的挑战。然而，人们对自己工作进度的估算通常比现实要乐观。实际上，大多数人在实施项目中都会出现拖延的情况，超出原先估算进度的 25%～100%。只有少数人的进度估算精确度达到了 90%，能够顺利按时完成。实际进度与预期之间的误差能控制在 5% 之内的项目更是十分罕见。[一]为管理项目进度，制订进度计划并经常检查非常重要，这样才能及时发现问题，并进行调整、修正和补救。

1. 项目进度计划编制

项目进度计划至少包括每项工作的内容、责任人、计划开始时间和结束时间等，在资源配置到位前，可以仅做简要说明，或形成简易图表。当资源配置到位后，应补充计划书中的任务细节，包括项目配置资源说明、项目现金流量表、项目成本预算表、项目的设备采购计划和其他一些支撑项目执行的文件等。此外，项目执行时会出现资源需求、进度变化等各种改动，因此也需要及时更新项目进度计划文件。

　　㊀　郭致星 . 极简项目管理 [M]. 北京：机械工业出版社，2020.

2. 里程碑图编制

任务里程碑是通过检验各个里程碑的到达情况，来控制项目工作进展的有效工具，图 5-1 所示为一个研发项目的任务里程碑。

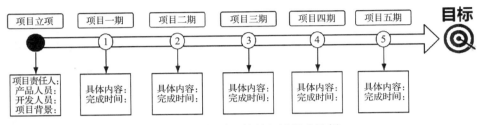

图 5-1 研发项目的任务里程碑示例

里程碑是项目中的重大事件，如中期验收、提交成果、结项验收等。编制里程碑图可以协助科技管理工作者明确关键任务时间节点，按图索骥完成工作。

3. 阶段汇报与计划

阶段汇报与计划是保证进度、查漏补缺的有效方法，需按预定的阶段点（或里程碑点）进行情况汇报与计划，内容包括：①总结前一阶段执行情况；②汇报下一阶段的工作计划安排；③明确需要协助、配置的资源和人员。

5.2.3 风险控制

风险控制是指对潜在的影响项目正常进展的情况进行甄别、评估和规避，制定相应策略降低风险发生的可能性，或做好规划以提高抵御风险的能力。如果忽略风险控制，就会出现为某项工作投入 99% 的努力，却因 1% 的疏忽，导致所有努力付诸东流的情况。风险控制贯穿整个项目过程，包含事前、事中和事后三个节点。

1. 事前的风险控制

在项目开始之前，我们可采用头脑风暴法尽可能地考虑到潜在的一切风险，列出详细的风险清单，提出对策，包含成本控制、效果控制、人员需求、具体的执行计划、进度控制等。

2. 事中的风险控制

需要保证风险处理过程有及时的反馈，保持高频率的沟通，确保风险在被发现后第一时间上报并有执行人做出积极的回应。

3. 事后的风险控制

项目结束后，回顾风险实施策略与执行情况，进行总结复盘，并在此基础上提出成本更经济、人员更优化和管理更高效的风险控制意见，进而将总结的经验运用到日后风险防控中。

◈ **本章小结** ◈

作为一名合格的企业科技管理人才，应当具备快速反应能力，体现为承诺力和完成力等两个指标。承诺力体现的是工作任务的完成效率，完成力体现的是工作任务的完成质量。承诺力和完成力都是保质保量高效完成工作的必备能力。制定项目优先级清单和完成迅速但不要求美观（quick and dirty）等方法有助于科技管理工作者顺利完成主要任务，介绍番茄工作法、减少外界干扰的措施、及时求助他人的方法使科技管理工作者保持高效专注，提高个人及团队的承诺力。RACI矩阵、项目进度计划编制、里程碑图编制、阶段汇报与计划等方式有助于提高任务执行力，通过风险控制，进一步提高任务完成力。

第6章

核心能力四：沟通协调

开篇案例

随着科技的发展，沟通方式日渐增多，沟通方式的选择也变得至关重要，因为每个人对于沟通方式的选择都有自己的偏好。某孵化器园区企业服务负责人谭小姐正在联系一家即将入驻的企业，需要发送相关材料给对方填写，而该企业联络人始终不回复工作邮件。谭小姐不得不通过电话、微信、短信多种渠道进行联系，最后发现对方只回了微信，并告知谭小姐以后通过微信联系即可。谭小姐认为，"一通简短的电话或一封简洁的邮件就可以解释清楚所有的事情，却要百般联系才能解决"，但对方却觉得这些电话和邮件都干扰了自己的工作，不如微信留言简便。许多沟通障碍之所以产生，是因为我们总要揣测对方"不回应"到底是什么意思，而沟通障碍会导致客户流失、错失良机、彼此误解，这些都可能导致损失惨重。

沟通协调能力是科技管理工作者必备的核心能力，要注意沟通的数量和质量。数量是指沟通的频率，体现为是否有效地利用我们和他人的时间，两者兼顾才能达到有效沟通。质量是指明确沟通对象，并积极沟通和尊重沟通对象。在沟通过程中需要了解沟通的方向、模式、沟通障碍产生的原因，灵活运用沟通技巧。

6.1　沟通协调

及时沟通清楚，交流彼此的意图，才能准确地传达信息和想法，个人才能顺利开展工作，公司、团体或组织才能高效运转。研究表明，日常生活中很多错误都是由于不善沟通。科技管理工作涉及大量跨领域、跨部门的事务，导致科技管理工作者有 60% 的工作时间都通过各种媒介途径进行各种形式的沟通。为此，我们需要了解如何高效沟通。

6.1.1　沟通方向和模式

1. 沟通方向

沟通可以从纵向和横向两个方向开展。纵向沟通是指具有明显的上下层级的沟通，横向沟通主要是在同级之间进行。两种沟通方向在日常工作中都十分常见。

（1）纵向沟通。纵向沟通又可以分为上行沟通和下行沟通。上行沟通在日常工作中较常见，是指员工向上级提供信息反馈，汇报工作进度，报告当前工作中面临的问题。上行沟通使管理层能够了解工作的进度，员工对工作的看法、观点和建议。但是由于管理层工作繁重，因此上行沟通要求沟通者积极主动，阐述简明有效，确保在有限时间内传递最多的信息。

下行沟通较为常见的情形是管理者和领导者向团队成员安排工作任务，提供工作上的指导和帮助，解释公司或团队的规章制度，以及指出团队成员需要注意的事项和存在的问题，并给予工作表现方面的反馈。这些情形中使用的都是下行沟通。此时，管理者必须对决策的原因做出解释。研究发现，如果对某项决策的原因进行充分解释，则员工认同该决策的可能性会提高一倍。有的管理者认为向底层员工传达信息一次就够了，但大多数研究表明，管理层的信息必须通过多种媒介反复传达才能真正有效地被执行。有的管理者会将信息告知员工，但很少征求他们的建议和看法，研究证实，如果员工觉得表达自己的看法会违背自己的最佳利益，那么员工会更倾向于保持沉默，而不是积极推动工作开展。

（2）横向沟通。内外部同一层级的员工之间或管理者之间的沟通都称为横向沟通。纵向沟通受限于工作等级结构，会阻碍信息传递的效率和准确度，为了节省时间和提高协调效率，采取横向沟通可以绕开垂直层级，与具体个人直接沟通，使责任落实到位。

2. 沟通模式

常见的沟通模式有三种：口头沟通、书面沟通和非言语沟通。

（1）口头沟通。常见的形式包括会议、电话、视频会议、一对一讨论等，优点在于快速传递和快速反馈。如果信息接收者对信息内容存有疑惑，可以直接迅速反馈、沟通，使信息发送者能够及时阐明情况。其中，最重要的方式就是会议，有正式和非正式之分。正式会议通常会有明确的会议主题、会议议程，各方进行观点交流，最后形成会议纪要等文件巩固口头沟通结果。即便是与他人进行随意的业务交流，也是非正式会议。

（2）书面沟通。它包括电子邮件、PPT、微信、钉钉等任何通过书面文字或符号来传递信息的手段，优点是传播内容不易被歪曲，而且可以永久保留；缺点是反馈速度较慢，需要你来我往的沟通，导致沟通效率降低。

（3）非言语沟通。人们通常会下意识释放出非言语信息，通过肢体动作、语音语调、面部表情，以及发送者和接收者之间的身体距离等释放信号。比如，通过微笑来表示自己值得信任，张开双臂表示我们可以接近，站立来表示权威，等等。

6.1.2　沟通障碍

理想的沟通状态是信息源从发送者百分之百地传递给接收者，并且接收者对信息的反馈能够百分之百地与信息源相匹配。然而，现实中是不可能存在信息无损沟通的。我们可以用"沟通漏斗"来呈现信息被稀释的路径，见图 6-1。

从沟通漏斗示意图可以看出，信息量呈现螺旋向下减少的趋势，即逐级往下"漏" 20% 的信息量。

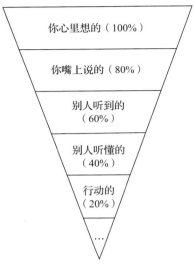

图 6-1　沟通漏斗示意图

◀▪ 案例 6-1 ▪▶

　　第一步，某企业需要在技术转移对接平台上提出技术需求，客户在心里想象的技术需求为 100%。第二步，客户需要表述需求，由于词不达意或者囿于语言水平限制，已经有 20% 的信息漏掉，没有传递出去。第三步，剩下的 80% 信息由于噪声干扰等，损失了 20%，结果只有 60% 的信息到达科研团队。第四步，双方文化背景和知识结构的差异等因素，导致在理解的过程中又稀释了 20% 的信息量，即只剩下 40% 能被理解与消化。第五步，当科研团队内部进一步交流客户需求时，又多了一层理解障碍，最后可能只剩下 20% 的信息。

　　虽然信息量损失不一定是 20% 的程度，但是沟通漏斗清楚展现了沟通的全过程，以及信息可能遭受损失的环节，阐明理解障碍产生的原因。现将造成沟通漏斗出现的原因总结如下：

1. 接收障碍

由于信息的发送和接收是通过人来进行的，势必会受到"人"这个主体的影响。每个人生而不同，个人喜好、知识结构和经验、信息处理态度、个人情绪、表达能力都会成为信息沟通的障碍。

（1）个人喜好。个人喜好让人们总是习惯性地听"自己想听的内容"，会自动对信息进行筛选，只留下感兴趣的信息，这就造成了信息缺失。同时，个人喜好带有一定的主观性，导致信息理解带有浓烈的个人主义色彩，从而造成信息失真。如果人们对信息很感兴趣，他们就更有可能仔细地处理信息。

（2）知识结构和经验。不同岗位、不同级别的人对待同样的信息，必然存在着差异。比如，"行业大牛"和"职场小白"在面对同一信息时，会进行差异化的解码，得出截然不同的结果。在科技型企业中，技术总监所看到的和理解的信息点与技术专员所看到和理解的必然不同。前者具有更丰富的经验，更加博学，思考问题会更加全面，眼光也会更加长远。

（3）信息处理态度。不同的人在处理信息时会有不同的视角和利益考量。假如一个科技型企业要进行一项技术革新，基层员工看到的是可能面临的挑战的难度与当前个人的技术能力是否相匹配，而高层管理者看到的是当前的技术革新路径是否顺应了时代变化的趋势，是否能从战略角度为公司赢得更多市场机遇。

（4）个人情绪。对沟通对象的不信任感、畏惧感、支配感等都可能影响信息传递。不带情绪地客观表述，不带成见地接受信息，颇具难度。特别是在企业管理实践中，员工与领导之间由于存在层级差异，员工对领导有着本能的敬畏感，因此在日常沟通中往往存在着沟通壁垒，无法进行排除任何个人情绪的沟通。

（5）表达能力。良好的表达能力，不是指对信息有美化和加工功能的"演讲能力"等高级要求，而是指准确传递信息等基本要求，即将"心之所想"脱口而出，做到"心口如一"。

2.渠道障碍

沟通渠道是信息沟通的桥梁，常用的渠道是书面沟通和口头沟通。如果渠道出现问题，就会影响沟通效果。

（1）沟通渠道选择不当。随着微信的广泛使用，很多企业把工作交流平台转换为微信，而微信又是个人生活化沟通工具，生活圈与工作圈互相碰撞，导致边界日趋模糊，这使得信息发送者容易在工作中使用特别随意的、生活化的语言，缺乏正式、严肃的表达，信息接收者容易认为这只是"随便说说"而不予重视。

（2）重叠使用多种渠道。同一个信息采用了当面的会议沟通、QQ 沟通和邮件沟通，当三种渠道传递的信息出现差异时，会让信息接收者迷惑到底哪个信息才是最准确的。所以，应当明确核心沟通渠道，避免出现多渠道交叉的情况。

（3）沟通渠道过长。组织机构庞大，层级复杂，导致沟通的中间环节太多，层层上报或者层层下达，容易造成信息的稀释，最后落得"上不传，下不达"的局面。

6.2　消除沟通障碍

为避免沟通过程中的各种问题，我们需要从"人"的角度出发，通过学习沟通技巧，消除沟通障碍。在沟通中，通过提问和倾听，交流双方可以知晓彼此的想法与立场，才能更加精准地提出相应的对策和意见，沟通才能顺利进行。

6.2.1　善于倾听

美国的朱迪·皮尔逊博士把"听"分为两种形式，即积极的听与消极的听。积极的听，指的是听者全神贯注，充分调动自己的知识储备、经验及感情等，使大脑处于积极状态，在接收信号后立即进行识别、解码、归类，并做出相应反应。比如，表示理解或疑惑、支持或反对、愉快或难过等。消极的听，是指听者处于比较松弛随意的状态接收信息。比如，平时家庭闲谈或者非正式场合下的交谈等。①在工作交流中，科技管理工作者需要采取积极的听，保持活跃思维，在接收信息之后做出反馈。

　　㊀　范红.商务谈判中的语言运用技巧 [J].科教导刊（电子版），2014（9）：79.

1. 听什么

我们应该倾听什么？听事实，听目的，听感受。在接收信息的时候，我们要不断给自己抛问题，不断去分析、理解别人传递过来的信息，不仅是字面意思，还要关注叙述时的情绪，思考信息背后的真实意图。如果一句话可能理解为 2 种不同事实，带着 2 种不同的目的去理解，能够带来 2 种不同的感受，那么，这句话就可能是 2×2×2＝8 种不同的理解，应对策略和解决方式也随之不同。举例来说，假如你是老板，员工对你说："老板，这份工作我不想做了。"那么，你可以给自己抛问题：这名员工真的不想干了吗？如果直接按照字面意思就让他辞职，有可能并没有获取到真实意图。

有的人可能会认为，明明是他自己说不想干了，这是事实吧？原话虽然是如此，但这个是事实吗？他是真的不想干吗？可能的事实是：他很想干这份工作，但是诸多因素导致无法继续这份工作，也许支持不够导致工作无法继续，也许对自己没信心，也许遇到的阻碍太大，也许期待升职加薪等工作激励。总之，每个事实可能都有背后的故事。听事实，听目的，听感受，才能更好地去倾听他人，才有助于更有效地进行下一步沟通，从而采取有针对性的方案去解决问题。

2. 倾听的技巧

倾听的技巧有"三要"和"三不要"。"三要"的目的是帮助倾听者集中注意力。

（1）要做出回应。为了保持专注，防止自己开小差，即使聊到自己熟知的话题，也不可毫不在意。因为容易遗漏话语间隐含的意义，导致理解错误，最后事倍功半。所以，倾听时可以注视讲话者，并根据喜好，用眼神、点头或"嗯，对，好"给予对方回应，帮助我们全神贯注，这样可以有更好的沟通效果。

（2）要记好笔记。人们瞬间能够记下的信息十分有限，好记性不如烂笔头，因此很有必要在听讲时做笔记。一方面，在对方讲完后，倾听者如果有感兴趣的问题想详细交流，那么，记笔记可以给自己提供一些信息要点，还可以辅助准确分析与理解信息的含义和本质。另一方面，记笔记还会让讲话者觉得受重视，也会让讲话者对倾听者产生好印象。此外，不做笔记，但抬头看着讲话者，也是一种鼓励。

（3）要创造有利的谈判环境。人们普遍喜欢待在舒适区，在自己擅长的领域里交谈。谈判环境如果选在对己方有利的场所，能够提高谈判成功率。在陌生环境中，谈判者容易变得无所适从，甚至犯简单的错误。事实上，美国心理学家泰勒尔和助手兰尼曾经开展过一次试验，证明人们身处自家客厅时，谈话更加随意和自信，比在别人家客厅里谈话更能说服对方。因此，在商务谈判中，如果能够在自己的主场进行谈判，这是最理想的条件，更加有利于谈判顺利开展。退而求其次，要选择一个中立场所，即双方都不熟悉的地方，避免"场地优势"给对方造势。

"三不要"分别是：

（1）不要轻视对方。态度容易写在脸上，导致抢话、急于反驳等行为频频发生。在谈判中，轻视对手就是轻视自己，只会有百害而无一利，因为自己难以获取所需信息，不屑一顾的态度还可能引发对方的敌意，甚至毁掉整场谈判。谈判中，最好避免抢话，因为容易打乱别人的思路，引发讲话者的消极态度，自己也容易理解不到位，或者遗漏信息，导致断章取义。急于抢话纠正别人则是个不礼貌的错误，往往会给双方的交流造成障碍，十分不利于谈判气氛的营造。

事实上，听详细，抓准确，才能反驳得一针见血，准确而有力。相反，过于心急，断章取义就随意发表言论，不仅暴露自己学识浅薄，而且会让自己在谈判过程中十分被动，陷入不利局面。

（2）不要陷入争论。当持有不同意见时，反而应该更加仔细地听，抓住漏洞，化作利器，以子之矛，攻子之盾，不失为一种策略，往往有四两拨千斤的巧力取胜的效果。抓住对方的漏洞，一针见血地提出反驳观点，甚至可以一剑封喉，不仅做到高效沟通，而且让人心服口服。

（3）不要拒绝交换沟通角色。在交流过程中，讲话者和倾听者的角色既缺一不可，又处于动态交替变换之中。每个人都应积极充当倾听者，及时提出自己的困惑，或者虚心接受对方的指正和建议。每个人也要学着扮演讲话者，积极关注倾听者的状态，或虚心接受建设性批评建议，或者冷静处理对方的质疑。

6.2.2 有效提问

在交流中有效提问是一种高级沟通艺术。有效提问能使回答者清楚需要提供什么信息，也能更好地控制谈话进度。精心设计的提问也能给人带来全新的视角，引人思考并给出意想不到的回答。

在"注意力观察试验"中，测试者被要求观看长约2分钟的视频，并要求回答"穿白衣的人总共传了几次球"。视频中出现了两支打篮球的队伍，分别身穿白衣和黑衣，2分钟后，画面显示这一问题的答案，同时提问"你看见黑猩猩了吗"。绝大部分人都完全没有注意到黑猩猩的存在。事实上，在该视频里，有个穿黑猩猩玩偶服装的人从右侧走入镜头，摆了个姿势，然后从左侧离开。如果一开始将提问改为"传球的有多少人"，或者"没传球的有多少人"，或者"男女各有几人"以后，大部分人都意识到了黑猩猩的存在。这个试验证明了提问对于获得信息的重要性。[⊖]

1. 5F提问法：有效提问的重要方法

5F代表提问的五个内容维度：fact（事实）、feeling（感受）、focus（分析）、future（未来的行动）、finding（学习过程中的收获）。根据提问的侧重点不同，问题类型可分为事实类提问、感受类提问、分析类提问、行动类提问以及学习类提问。

（1）事实类提问：着重询问能被看到、听到、感知到的具体事实，问题指向"到底发生了什么"。例如：这件事发生多长时间了？这件事的利益相关者都有哪些？到目前为止，你已经做过了什么？

（2）感受类提问：询问工作过程中利益相关者的情绪和感受。例如：在解决这个项目难题的过程中，你最大的感受是什么？当领导交代的任务

⊖ 林秀贤. 让学生学会提问 [J]. 考试周刊，2013（94）：147.

无法按时完成时，你是否会觉得恐慌？

（3）分析类提问：旨在探寻问题背后的原因，多问"为什么"和"是什么"。例如：为什么科技管理专员写的课题申报书没有审核通过？为什么科研助理在进行知识产权申报书撰写的时候没有与技术核心人员沟通？

（4）行动类提问：关注的是在未来相关场景中会做出的选择和采取的行动。例如：有什么样的可选方案？你需要什么样的支持或帮助？

（5）学习类提问：重在学习反思，总结有意义的经验。例如：从问题的研讨中我们学到了什么？团队的优势和有益做法，以及劣势和经验教训是什么？导致这次产品研发流程不通畅的最大的问题出在哪里，以后要如何规避？

2. 随时创造优质提问

随时创造优质提问也是有效提问的途径之一。通常，我们都会采取轻松提问，比如"你吃饭了吗？""最近过得可好？"诸如此类寒暄或问一些能够让对方提起兴趣的话题，来创造一个轻松的氛围，有利于深入对话。

有些人把握不好提问的度，就容易问到别人的隐私或者尴尬的话题，比如："你的月薪是多少？""你这么大了怎么还不结婚啊？"此类糟糕的提问，带有明显否定对方的痕迹，会使双方的对话关系变得紧张。轻松提问和糟糕提问都不属于优质提问，优质提问是指能够促进对话顺利开展和深入进行，并且能够让双方都实现对话目标的提问。

优质提问的典型特征是带有关键词，常用关键词是 5W1H，即 what（对象）、when（时间）、where（地点）、who（人员）、why（原因）、how（方法）。举个例子，您这样做出于何种原因？您打算采取什么方法实现短期目标？每个问题都要落实到某一个角度，要带有关键词，提出有针对性的问题，这样的询问才有意义，才能获得明确的信息。

此外，优质提问往往能直击被提问者的内心，提问中带有 3V，即 vision（理想，指的是渴望实现的目标）、value（价值观）、vocabulary（常用词汇）。通过关注被提问者的理想、价值观、常用词汇，了解被提问者的性格、状态、爱好，有针对性地提问，才能事半功倍。

6.3　实战指导：会议沟通

管理大师彼得·德鲁克说："我们开会是因为单打独斗是完成不了任务的，只有依靠集体的力量、集体的知识和经验，才能顺利完成工作。"会议在科技企业的运营中起着不可替代的作用，关乎企业存亡的战略部署、组织决策、资源配置、流程确定等内容都是通过正式会议商讨决定的。常言道，"三个臭皮匠顶个诸葛亮"，小团队的高效率会议沟通灵活便捷，能快速解决工作过程中的棘手问题，集合团队的智慧为项目出谋划策。

虽然会议的重要性不言而喻，但会议效果不尽如人意却是常态。根据一项针对职场白领的调查，近 8 成的职场人士认为有近 70% 的会议是在浪费时间，超过 50% 的职场人在开会时没有集中注意力，60% 的人对主题不感兴趣而保持沉默，60% 的人没有为会议做任何准备。很多会议在组织召开的时候存在以下几个普遍问题：

（1）开会无重点，缺乏明确的讨论主题。

（2）开会无时限，缺乏明确的会议时长。

（3）开会无准备，缺乏明确的会议须知。

（4）开会无跟进，缺乏明确的决议执行。

为了避免会议沟通效率低下，必须对会议的议程做一个清晰的规划，并明确每个人在会议过程中承担的责任。在充分实践的基础上，针对会议存在的问题，会议沟通有三项技巧。

6.3.1　世界咖啡屋：头脑风暴，集思广益

朱尼特·布朗和伊萨斯·戴维在 *The World Café: Shaping Our Futures Through Conversations That Matter* 一书中提出"世界咖啡屋"，是指在咖啡屋一样的会议环境里，围绕一个相关问题有针对性地去组织会议，充分挖掘与会人员的智慧、潜能，从而发现问题、解决问题。可以结合以下三个方面，选择咖啡屋等轻松、愉悦的讨论环境：

1. 场地选择要避免干扰，吸引适当的注意力

会议室的装饰会影响与会者的情绪，分散注意力，但墙上的空间可以充分利用起来，将会议相关的日程、规则、关键事项的海报和标记符号等贴在墙上，在营造良好的环境氛围的同时突出会议主题。

2. 座位安排可以仿造咖啡馆的布局模式

将与会者分为不同的小组，各自围桌而坐，营造出小组研讨的轻松有序氛围。

3. 场地环境要求干净整洁

凌乱的会场会使与会者感到自己和工作任务并不受重视，因此，有必要移走影响人的注意力的物品以及不必要的家具和装饰。干净整洁的环境会更让人专注工作，能够调动人们的情绪和激发更大的动力去完成任务。

咖啡会议完美地体现以上法则。与会者四个人坐在一桌围绕会议主题讨论 20～45 分钟。结束完一轮后，留下一个人充当主持人，其余的人到其他小组讨论。主持人分享前期讨论成果，新参与者带来新的讨论线索。这样经过两轮，小组和小组之间交流讨论结果。根据人数和分组的情况，可以增加交叉讨论的次数。最后，每个人都回到自己最初的小组里，分享换桌讨论时自己的领悟和学习结果，并通过图表或者其他方式汇总小组的最终成果。至此，会议结束，进入新议题探究。

6.3.2 智慧雪球法：滚动雪球，叠加智慧

智慧雪球法弥补了头脑风暴法的不足。头脑风暴法为了让小组成员能够畅所欲言，会议过程中是不允许提出质疑的。但是有的人天生不喜欢在公众场合做代表性发言，也有的人不善于口述。智慧雪球法可以完全避免这些问题，从而真正地激发团队智慧、创新观点。智慧雪球法相对适合应用于以下情况：科技团队成员还没完全熟悉，彼此无法直接表达想法；议题比较深入，需要大家进行深度思考。

智慧雪球法共有十个步骤，见图 6-2。

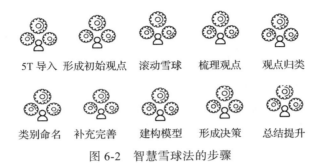

图 6-2　智慧雪球法的步骤

步骤一，5T 导入。包括 topic（澄清议题）、target（澄清研讨目标）、task（明确任务及过程）、tool（说明工具、规则）、time（分配每个环节的时间并安排计时员）。

步骤二，形成初始观点。首先，分配首轮独立思考时间，要求每人书写观点的数量（大于或等于 3 个）。然后，个人独立准备，写在研讨纸上，表达力求准确清晰，字迹工整。书写期间保持安静，不准交流。时间到，每人将观点交给自己右边的伙伴。

步骤三，滚动雪球。接到上一位伙伴的研讨成果，仔细阅读已有观点，其间不允许交流和发问。在已有观点的启发下，写出与上一轮同等数量的新观点，该观点不能与研讨纸上及自己已书写的观点重复。若不认同研讨纸上已有观点，则可反思自己的观点背后秉持的假设并思考其是否有效。可用叠罗汉、移花接木、架桥法、唱反调法等技巧来整合产生新观点。时间到，按顺时针将研讨成果传递给下一位。此阶段一般进行 2～5 轮。

步骤四，梳理观点。相邻的 2～4 人为一组，分享各自手中的研讨成果。整合出独立的观点并写在卡纸上，每张卡纸写一个观点。

步骤五，观点归类。在墙上张贴 6～8 个符号代表可能的观点类别。读出每一张卡纸上的观点，并询问应该归类在哪一个符号下。归类出现分歧则要叙述各自的理由，增进彼此理解，最后达成一定共识。如果无法达成共识，则在所有观点上墙后对分类进行微调。

步骤六，类别命名。引导小组成员对类别命名和微调，将名称写在标题卡上并覆盖在符号上。

步骤七，补充完善。现在是个人自由发言环节。首先思考我们是否忽略了重要的类别，思考每个类别下我们是否有新观点，将所有的新观点写在卡纸上并张贴在相应的位置。

步骤八，建构模型。通过画图展现讨论成果，可以清晰呈现内部逻辑，从而更好地接受启发，完善研讨成果，思考这个模型与理论的联系。

步骤九，形成决策。决定评估观点的标准，依据标准做出评估，进行最终的决策和制订行动计划。

步骤十，总结提升。回顾会议流程，个人自我反思，小组成员相互交流反馈。注意遵守规则、运用方法、积极参与、有效沟通、深刻反思等，并进一步完善讨论结果，最后感谢大家参与。

6.3.3 六顶思考帽：水平思考，同频深入

六顶思考帽是英国学者爱德华·德·波诺博士开发的一种思维训练模式，是一个全面思考问题的模型。它提供了"水平思考"的方式，避免人们将时间浪费在互相争执上。六顶思考帽重在推动话题指向"能够成为什么"，而非"本身是什么"，推动讨论向前发展，而不是争论谁对谁错。运用六顶思考帽会使混乱的思考变得更清晰，使团体中无意义的争论变成集思广益的创造，使每个人变得富有创造性。[一]

白帽子：白色象征纯洁，白帽思维代表客观的事实和数字。

红帽子：红色暗示喜欢、厌倦、愤怒等情感特征，红帽思维代表直觉和预感。

黄帽子：黄色代表阳光和乐观，黄帽思维代表正面、积极。

黑帽子：黑色代表阴沉、负面。黑帽思维代表事物的负面影响和风险。

绿帽子：绿色代表生机，绿帽思维代表创造力和新的想法。

蓝帽子：蓝色代表冷静。蓝帽思维代表思维过程的控制与组织。

[一] 汤世生. 六顶思考帽的启示 [J]. IT 经理世界，2004（1）：12.

◆◆ 案例 6-2 ◆◆

　　一家刚成立的互联网家电企业由于砍掉了传统渠道等中间环节，将一款款设计精良、性能优异的"爆品"线上销售，迅速领先同行竞品，夺得市场第一，但不久之后便暴露出市场问题：销量下滑、投诉增加、假货和仿冒品时有发生。公司总结造成这些问题最大的原因，是缺乏线下体验，线下购买方式单一。于是，战略决策部门组织公司骨干一起商量对策，采用六顶思考帽展开讨论。[⊖]

　　明确议题：如何解决投诉问题？是通过建立实体店提供服务，还是其他方式？

【白帽】

　　1. A 产品一个月的线上销量锐减 40%。

　　2. 线上、线下投诉占比分别是 25% 和 65%。

　　3. 中老年人占据线下投诉量的 70%，主要是因为老年人对于产品使用不当。

　　4. 400 个投诉电话主要是因为线上无法购买到产品，有的还遭遇线下买到假货。

　　5. 抖音、小红书等很多社交媒体平台指责该公司进行"饥饿营销"。

　　6. 广东省某用户买了假货，结果产品充电时短路，损失惨重。

【黄帽】

　　1. 线下门店可以为中老年群体等用户提供产品使用指导服务，以减少投诉。

　　2. 线下门店更方便向客户推荐其他产品，包括配件等，有利于提高销量和利润。

　　3. 线下门店可以避免买到假货，还能及时提供维修保养服务。

【黑帽】

　　1. 线下门店毫无疑问会额外增加租金支出，运营成本也会增加。

　　2. 线下门店十分消耗人力资源，目前缺乏足够的人手支撑线下门店运

　　⊖　波诺. 六顶思考帽 [M]. 德·波诺思维训练中心，编译. 北京：新华出版社，2002.

营、提供线下销售和体验支持。

3.最终线下门店的成本会拉升成本，最后还是消费者买单，严重损失用户利益，和经营理念不符。

【绿帽】

1.为进一步控制租金成本，可以将部分货源储存在原有的城市服务网店销售。

2.为防黄牛，要求购买产品实名制且限购。

3.为提升用户体验，每家服务网店安排服务导购，专门为客户提供服务，指导如何正确使用产品。

【红帽】

进入会议的决议流程，通过投票反映整体意见。结果是，有90%的票数支持开设线下销售门店。

【蓝帽】

通过开展六顶思考帽的会议活动，做出如下决定：

1.现有的服务网店有数百家，试点支持部分产品采用线下销售模式，满足部分客户需求。

2.为了确保用户能够买到产品，需要凭身份证限购，可以避免出现私人大规模囤货的现象，以免扰乱正常销售。

3.为了弥补人力不足，网点全员通过接受培训达到服务导购的要求，通过轮岗满足客户服务的人力需求。

企业的运转离不开高效的沟通，科技管理人员的工作离开了沟通将无法有效开展。而沟通作为一项技能，需要在实践中不断摸索，总结经验教训。认识到沟通的传送路径和常见的沟通问题，巧用沟通技巧以提高团队协作效能，将是企业科技管理人员的职场必修课，也是一门值得终身学习的课程。

◈ 本章小结 ◈

作为一名企业科技管理人员，让沟通变得实在且高效，是一门必修课，也是一门需要不断进阶研修的课程。本章从沟通的方向、模式、障碍等角度，进一步揭开沟通的神秘面纱，同时介绍了沟通的两大原则——善于倾听和有效提问，进一步规范沟通行为，确保沟通能够顺利进行。最后，引用世界咖啡屋和六项思考帽等实用方法，讲解案例，模拟现实工作情景，为科技管理人员在实际工作中开展高效沟通提供参考和借鉴，提高获得感。

第 7 章

核心能力五：团队协作

某科技公司主营网络和电信设备等通信业务，由于公司规模扩大，产品种类不断增加，原有研发团队人力资源不足，导致效率下降。通过广招贤才，该公司的研发团队规模不断扩大，但团队协作依旧沿用原先的模式，缺乏灵活性，导致员工的积极性不高。同时，该公司未积极解决员工之间的冲突问题，导致员工流动性大，研发团队极不稳定。

研发团队工作繁重，团队成员没有时间充分利用公司提供的学习平台，没时间学习感兴趣领域的知识来提升自己。同时，公司提供的学习平台以管理课程居多，较少涉及研发技术课程，使得培训没有针对性，效果有限，而且公司未能将员工的绩效考核与职业规划有效结合，员工自我提升的热情不高，能力提升慢，从而影响了团队效率。此外，刚入职的新员工没有足够的时间适应工作环境和熟悉工作流程，往往未接受完新员工培训和研发技术培训，就被安排执行研发任务，导致新员工不能很好地融入研发团队。

想要改变该公司在人员协调上的问题，需要科技管理工作者发挥其团队协作能力，理解团队的实质内涵，认识到影响团队协作的主要障碍，掌握提升团队协作能力的方法，从而提高个人在团队协作中的配合度，提高团队整体效率。

7.1　科研团队的内涵

提升团队协作能力至关重要，那么什么是"团队"呢？组织行为学权威、著名管理学家斯蒂芬·P. 罗宾斯认为，两个以上的个体基于特定的共同目标而组成的组织可以被称作团队。团队成员依据一定的规则结合在一起，成员之间互相作用、互为依赖，共同承担团队责任和管理对外组织关系。20 世纪 80 年代，沃尔沃、丰田等知名企业在生产机制中引入团队协作模式，绩效显著。随后，众多企业纷纷仿效，团队模式由此普及开来。由于将员工进行组队，使他们以团队的方式协调工作，每个团队相对独立地承担责任，工作更加灵活，极大地提高了效率。管理者从繁重的人员管理工作中解放出来，有更多时间思考公司未来的战略发展。

而现代企业管理对团队精神、团队建设、团队协作开展了大量研究。与普通团队不同的是，科技管理工作中的团队往往以科研团队为主，工作内容主要涉及科学技术研究与开发，团队成员抱有共同的科研目标，彼此之间技能互补，工作时既相互配合又独立承担相对责任。科研团队唯贤是举，唯才是用，团队决策力掌握在专业才能过硬的人才手里。科研团队在管理上实行强调成员平等的扁平化模式，在彼此依赖以及共性程度上与其他科研群体区别开来。团队内成员互为依赖，群体目标优先于个人目标，为实现团体任务而共同努力。

基于目前国内外对科研团队本质和规律性的研究，根据各类科研团队的实际运作状况，可以将科研团队的组成因素概括如下：

7.1.1　有意义、有吸引力的研究方向和研究目标

有意义、有吸引力的研究方向和研究目标，将有利于科研团队确定基调，明确科研方向，形成凝聚力。一个科研团队的研究方向可以是经过多年研究形成，并具有显著优势的，也可以是围绕重大需求或学科发展前沿的重大问题，结合原有优势开拓出的新方向。研究目标应该紧密结合国家和行业的需求，且具有切实的可行性，以及明确的阶段性。具体目标是关

于科研团队产出成果的阐述，区别于整个科研单位的工作任务，与个人工作目标的累积总和也是不同的。确定具体的目标有利于团队成员之间进行内容明确的交流，使团队内产生的冲突趋向建设性结果化解，并吸引整个团队将精力聚焦于可实现的科研成果上。

优秀科研团队的研究方向、目标是需要不断培育和爱护的。即使科研团队早已组建运作，其成员也应当对研究方向、目标进行定期探讨，以便让团队成员达成目标共识。这样形成的目标不再仅属于团队，而是归属于每一位成员，同时也能激发团队成员的自豪感和责任意识。

7.1.2　互补技能

科研团队应该是一个成员优势互补的群体。这里所说的"优势互补"，是在围绕团队研究方向和研究目标的前提下，团队内部成员在知识结构、能力、思维方式、研究经验，以及年龄、性格特征、工作风格、人文素养等方面的优势互补。比如，中国科学院电工研究所电动汽车实验室的研究工作，涉及电机、电子、自动控制、计算机通信、机械制造多个学科，因而由不同专业背景的人员组成团队协同攻关，才取得了重要进展。中国科学院化学物理研究所化学激光研究团队聚集了基础研究、应用研究和技术攻关的多方面人才，形成了多学科、多专业交叉的研究团队，推动了我国化学激光事业的发展。

科研团队必备的技能包含三个方面：专业知识的技能、有效解决问题和科学决策的技能、处理人际关系的技能。如果科研成员缺乏相关专业知识的储备，科研团队就组建不起来。有效解决问题和科学决策的技能也是科研团队不可或缺的，一个优秀的科研团队必须要清楚团队目前存在的问题和面对的机会，对团队后续将要采取的行动进行科学的价值评估，权衡利弊后做出有利于团队发展的决策。处理人际关系的技能看似无足轻重，容易被人忽视，但对于科研团队的发展来说却是关键一环。团队的目标共识以及成员间互相理解离不开团队内的有效交流和具有建设性意义的冲突，而这些又依赖于人际关系的和谐，例如共担风险、友善批评、公平公正、积极倾听等。

7.1.3　较少的人员组成

人数众多，尽管从规模上来看有不少好处，但对一个需要成员之间互相配合的团队来说却很难凝聚共识、快速决策，因而难以采取有效行动。当超过团队发展的具体需求时，扩大团队规模所带来的更多知识和经验资源并不会得到充足的利用。人数较少的团队比人数众多的团队更容易协调成员之间关于共同计划的不同看法，更快达成目标共识，团队成员共担风险的意愿也会更高。在后勤方面，人数众多的团队出现的问题也较多，如缺乏容纳面积足够的聚会空间、成员之间的时间协调问题。与此同时，团队人员过多也会带来更为复杂的问题，如群体决策时容易出现的"随大流"等问题，这些行为不利于成员之间的正常交流以及观点的冲突交锋。相应地，因为人员的增加、职责的细化，"一人对多人"的情况成为常态，沟通成本和融合成本增加，反而会阻碍团队的可持续发展。一般情况下，理想的科研团队规模应保持在 20 人以下。

7.1.4　使用共同的方法

除了研究方法，科研团队的工作方法还应该包括经济层面的方法、管理层面的方法以及社会层面的方法等。[○]科研团队通常将多数的时间聚焦在目标的达成上，却忽视在目标达成过程中工作方法的学习与磨合。事实上，这一点也同等重要。团队成员各自负责什么工作、团队时间如何安排、怎样在规定的时间内完成相应的工作量、团队成员需要学习哪些技能等，团队成员需要在这一系列问题上达成共识。只有团队成员在各项工作的具体落实和个人技能提升如何与团队水平提高联系起来这些问题上达成共识，团队工作的共同方法才能真正形成。

7.1.5　相互承担责任

团队成员间的相互承担责任不仅关乎成员个人的责任意识，更与成员

○　姜清奎，王贯中．论高校科研创新团队的建设 [J]．湖北经济学院学报（人文社会科学版），2007（4）：177-178．

间的互动交流息息相关。承担责任是成员个人对工作的严肃承诺，更是对整个科研团队的承诺与信任。成员个人通过承担实现团队目标的责任，从而获得在团队内部发表自我意见的权利，以及被其他团队成员公平对待和认真倾听自我观点的机会。团队成员能否相互承担责任，是检验团队目标、方法科学性的试金石。

　　以上五个关键因素中，具体来说，可分为三个层次，见图 7-1。第一个层次是目标导向，指的是研究方向、目标的清晰明确；第二个层次是团队组建，指的是团队成员精简，规模不宜过大，成员之间专业技能互补；第三个层次是运作模式，指的是团队内部责任明确，成员工作节奏一致。

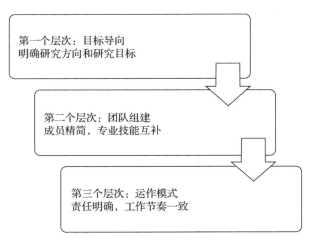

图 7-1　科研团队有效构建的三个层次

7.2　团队协作障碍

　　科研活动是一项创造性的团队活动，团队成员都是一个独立的个体，理念、想法、工作方式千差万别，但作为团队成员又需要相互依赖配合，克服差异完成共同目标。如果成员间的差异处理得当，将有利于提升团队的凝聚力，否则将会带来相反的效果，甚至阻碍团队目标的实现。因此，正确认识并积极面对团队协作过程中存在的障碍，及时有效化解团队内部冲突，妥善处理成员关系，将有利于提升整个团队的工作效率。

7.2.1　第一大障碍：缺乏信任

团队信任指的是成员之间心怀善意，彼此信任，团队工作中不必小心翼翼或时刻警惕。实际上，团队成员可以坦然承认自己的弱点，不必过分担忧会因此成为其他成员攻击自己的工具。这些弱点既可以是性格上的弱点、人际关系上的弱项，也可以是工作中的难题、技术上的不足。这样可以及时寻求帮助，团队成员之间可以相互兜底，真正做到取长补短，发挥团队优势。否则，个人将不得不把大量的时间和精力浪费在如何管理个人行为以及如何与其他成员沟通上。这不仅会大幅增加沟通成本，而且因为怯于向他人寻求帮助，最终会导致工作效率低下。缺乏彼此信任的团队往往工作不顺、士气低迷。

7.2.2　第二大障碍：惧怕冲突

多数情况下，团队总是会避免成员之间的冲突，美其名曰提高工作效率，以为只要避免冲突就能节省时间进而提高工作效率，并且不会伤害团队感情。事实上，回避问题时，问题并不会自动消失，反而会阻碍工作进度的进一步推动。本该防患于未然的问题，结果愈演愈烈，成为棘手的难题，最终不可避免地产生激烈冲突，增加挽回的成本。

7.2.3　第三大障碍：欠缺投入

团队的投入主要包括两个方面：问题的阐明和共识的达成。有些团队期望达成全体一致认同的意见，因此迟迟无法做出重要决策，导致团队运作行动迟缓，且始终难以达成共识的话也会影响团队成员的工作态度，使得工作迟迟得不到开展，陷入停滞状态，焦虑、困惑等情绪不断增加，影响团队的整体士气。所以，讨论主题应当明确阐明，讨论有条不紊推进，程序合理，操作规范，决议明确，使得团队投入明确又有效。

7.2.4　第四大障碍：逃避责任

决策迟迟不下，工作指令难产，导致团队投入不足，工作缺乏主心骨，团队成员倾向保持沉默，甘当"咸鱼"，不愿主动揽责，等着被安排任务，"差不多就行"成为工作目标完成标准。当发现其他成员有损害集体权益的行为时，连最具责任心的成员也会选择视而不见，不会挑明。整体逃责将会使工作陷入瘫痪。

7.2.5　第五大障碍：个人凌驾于团队之上

衡量团队工作表现的标准是团队成员之间互相协作，坚持不懈地实现团队的共同目标。但团队目标体现的是团队的共同追求与价值，因此对极少数的团队成员来说，团队工作动力不足，不愿牺牲个人利益，不愿为集体付出，也不愿意担责，甚至会出现牺牲集体利益以实现个人利益，后果不堪设想。

7.3　团队协作方法

合作是团队工作开展的基本形式，有利于协调平衡各方利益，是共同推动解决科研问题的最佳方案。如何消除障碍，提升团队协作能力？可以通过建立信任、解决冲突、建立问责机制等方法提升问题解决能力。

7.3.1　建立信任

某项目团队面临压力，其产品的研发进度和销售进度一直未有起色，团队中的主要成员决定对该项目进行战略重组，为此反复开会研讨改进措施。但有一位成员每次开会时都表现得心不在焉，这种不真诚、不在意的态度，将会对其他成员造成严重的打击，丧失对团队的信心，让人感到沮丧，甚至开始争吵。

团队成员的彼此信任尤为重要，是团队的核心要素，有助于团队目标的达成。但是信任不是一夜之间就能形成的，需要所有团队成员都参与创建信任环境和相互尊重的关系，并不断维护和巩固。这是一个双向的过程，往往需要耗费大量的时间与精力。但是也有一些特定方法可以在较短时间内建立相互信任，快速提高团队协作效率。

1. 进行自我介绍

组织成员开会时围坐在一起，简单进行个人背景介绍，或者回答几个不太敏感的相关问题。例如，家庭成员组成、家乡所在地、童年趣事、日常喜好、进入社会的第一份工作、职场生涯中的挫折与挑战等。通过对这些问题的回答，彼此之间有基础的了解，进而拉近成员之间的关系，找到与别人的共同点，增加相互的认同感和熟悉度，有助于相互理解，增进团队的同理心，减少彼此的隔阂。

建议时长：30 分钟。

2. 定期进行开放式交流

开放式交流可以确保以适当的方式及时与团队共享信息，减少信任障碍，避免空穴来风的"小道消息"等第三方信息源误导团队。开放式交流要求确保定期举行面对面的会议，或采用其他沟通方式，确保为所有团队成员创造了分享和交流的机会，使他们增进对团队成员的理解和团队任务的认同，进而更好地判断工作对个人和团队的影响。

3. 协同合作

根据经验，团队成员对团队工作有较强的参与感，能够增进集体荣誉感和培养团队精神，往往对团队更忠诚，彼此之间也更信任，因此团队的配合度会更好，协同合作效率更高。可以尝试讨论如下事宜，进一步增进团队协同合作：

（1）讨论团队价值观。包括制定团队成员间的行为规范，重点强调拉低工作效率、影响团队协作的典型行为；制订团队章程，有助于团队新成员加入可以迅速融入团队，以确保团队运作良好、人际关系融洽，绩效更佳，不断取得合作成果。集体讨论团队价值观的工作，有助于增进成员之间对工作规则的认同感，并明确和不断规范工作行为。

（2）360 度意见反馈。这是近年来盛行的工具，其分析结果科学有效，但是实施起来具有一定的难度，因为它要求成员之间互相评价并提供具有相当意义的批评意见。这种工具运用的关键是要完全区别正式的工作绩效考核，通常作为团队协作的开发工具来使用，在让成员意识到自己的优劣势的同时，又能巧妙避免情绪对工作造成的影响。

（3）创建反馈文化。形成开诚布公的氛围和建立信任，需要打造能使所有团队成员乐于接受反馈信息的环境。以下是几点建议：其一，无论一对一的面谈，还是多人会议，面对团队成员的表现，应该及时给出中肯的反馈。例如，当有人提出好的建议时，可以说"主意真棒，我很欣赏你的创新意识"。有针对性的反馈不仅有助于建立彼此间的信任，还有助于成员更自信。其二，在团队会议结束前，要求每个人转向右边的人，然后说出在会议期间或团队中与他们一起工作时自己十分欣赏的一件事，并将彼此的反馈纳入常规团队会议流程中。为了获得更具体、更有意义的反馈信息，使所有团队成员得到更加全面的反馈，可以要求团队成员为其他每个成员（包括领导）都写下反馈意见。建立良好的反馈机制，搭建信息沟通渠道，能够提供正规获取信息的平台，团队成员可以获得真实信息。真实是建立信任的第一步。

7.3.2 解决冲突

1. 冲突的产生

科研团队要想实现共同的目标，就需要成员之间的交流协商以及分工合作，这样才能共同完成科研任务。但合作并不代表科研团队成员之间就没有竞争，彼此竞争的结果反映的是成员各自努力的程度，是各自科研能力的体现。活力与效率来自竞争，但竞争应该是合作式的，而不是对抗式的。科研环节的互相配合与促进是竞争式合作的最大特点。如果不能妥善处理成员之间的异议，冲突就产生了。

根据利益冲突和对抗性行为的情况，冲突可划分为四种类型，见图 7-2。合作之初，科研团队成员处于第Ⅳ象限。在研究过程中，成员之间在学术观点、研究进度等方面产生的争执，属于第Ⅲ象限的虚假冲突。合作之后，如果成员之间的异议不能得到妥善的处理，极有可能恶化为第Ⅱ象限的潜伏性冲突。最后，进入成果申报以及利益分配阶段时，往往容易产生第Ⅰ象限的真实冲突。

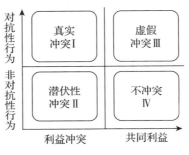

图 7-2 冲突的四种类型

科研团队内部冲突的产生主要有三个原因：一是成员间的彼此依赖失调。科研目标的最终达成需要科研团队的分工协作，这就需要团队成员在分工合作的同时保持有效的信息沟通，以便及时对研究活动做出调整。若沟通协调出现问题，或者出现利益纷争，冲突就成为可能。二是成员之间的固有差异。科研团队中的每一个成员都是独立的个体，信息、认知、目标要求、身份角色等都存在一定的差异，这必然会带来成员间的意见分歧。当这些差异和异议没有得到妥善处理时，冲突就有可能产生。三是科研团队内在机制的不完善。科研资源的匮乏与稀缺、信息知识的沟通不畅、奖惩制度的不合理、竞争机制的不健全、外部环境的巨变等，这些都极有可能引发团队内部冲突。

2. 冲突的类型

冲突出现或不可避免即将出现，需要迅速采取手段解决。首先我们需要对冲突有一个较为清晰的认识，可以将冲突类型简化为良性冲突和恶性冲突。

良性冲突，可以简单理解为"就事论事"，是团队成员对任务的执行方法和渠道持不同意见而产生的分歧。良性冲突的特征是目标一致，当所有相关方都大胆分享他们的想法，并为实现团队目标出谋划策时，催生出良性分歧，可能走向一个更好的积极结果。因为谈论的工作方案经过全面的考虑，得到团队全体成员的理解和认同，极大地提高了执行力。恶性冲突，是指影响团队绩效，对团队具有破坏性的冲突。领导在良性冲突中发挥着纠偏的作用，确保成员的讨论不偏离团队目标，当讨论越界，良性冲突可能转化成恶性冲突时，领导能够及时纠偏或者制止。我们可以通过表 7-1 来区分良性冲突和恶性冲突。

表 7-1　良性冲突与恶性冲突

良性冲突	恶性冲突
以任务为导向的议题	人身攻击
在探索已发现的问题上礼貌地进行辩论	推卸责任
不同意见	愤怒
对问题的不同评价和观点	操纵或傲慢的行为
	零和博弈

3. 冲突解决办法

当冲突发生时，当务之急是需要辨别清楚冲突的性质，是良性还是恶性，只有了解冲突方的真实意图，才能一针见血，找到化解冲突的有效办法。我们可以通过以下五个步骤来解决冲突，每个步骤都涉及一系列技能和实践做法，可依据不同团队的情况做出相应的调整。

（1）第一步：诊断问题。冲突解决离不开细致入微的观察能力，可以通过提问、倾听来明确问题所在。此时，团队中已经明显存在一些分歧和冲突，首先明确冲突的性质，对成员分歧的程度以及冲突是否可能升级做出判断，然后通过与成员沟通，证实自己的判断，明确问题所在。

（2）第二步：倾听表达。确定冲突方和冲突问题，鼓励双方从自己的角度出发，不带情绪地描述客观情况，鼓励彼此进行开诚布公的对话，使每个人的观点都能表达和被倾听，试图增进彼此间的相互理解。

（3）第三步：探讨方案。在相对和谐的对话空间前提下，需要冲突方协调各自利益，就各自的要求做出让步，进一步降低争执的激烈程度，使得达成一致意见成为可能。鼓励各种解决方案的提出，并从中择优或整合所有方案取长补短，形成一个普遍接受的新方案。协商过程不能操之过急，要做到表达清晰，并就别人的意见给予反馈，最后阐明和总结观点。如果处理不当，极有可能导致冲突升级。

（4）第四步：实施方案。要确保协商方案落实，通过观察实施情况，可以评估冲突是否得以化解。因此需要细致的观察能力，并及时和冲突方沟通，确保实施方案顺利落实。

（5）第五步：回顾反思。任何冲突的解决过程都不是一蹴而就的，而冲突在团队合作中又不可避免，换个角度看，冲突也是一个很好的学习机会。通过解决冲突，不仅可以不断提升化解冲突的能力，总结的经验为下次冲突化解提供指导，还可以在反思过程中发现团队协作和沟通机制上的不足之处，不断完善，提高团队协作水平。

7.3.3　建立问责机制

科研团队的组建往往是基于课题和科研任务，不具备常设科研机构的稳定性。科技创新活动也充满着不确定性，往往牵一发而动全身。比如，科研团队的工作方案需要不断根据实际情况进行灵活调整。团队成员也处于不断变化的过程中，彼此间的关系也受诸多因素影响。因此，科研团队的管理要处于实时动态平衡状态，及时协调科研团队内部和外部的各种矛盾，确保团队工作效率不断提高。

绩效管理离不开问责制，意味着个人、团队和组织都要清楚各自职责，并对行为后果负责。临床心理学家汉斯·弗里贝里指出，成员没有竭尽全力影响团队工作。1713年，法国农业工程学教授马克斯·林格尔曼针对这个问题做了一项试验，让一群学生拉绳子，最终发现团队力量小于个人力量的累加总和。这表明在团体从事共同工作时，有些人付出的努力小于为个人目标所付出的努力。这一行为被称为"社会惰化"。

为了避免这种情况发生，问责制度应该落实到对每个成员的绩效考察之中。建立有效的问责制需要三个基本组成部分（3C 模型），即协调度、透明度和影响力。协调度是指每个人都理解并信任组织的安排。透明度是指岗位职责的透明和问责标准的透明。影响力是指问责制度的威慑力和对成员行为的约束力。

1. 协调度

协调就像胶水，能将所有东西黏合在一起。在团队开展工作前，需要对团队的任务和预期目标做出明确阐述，而且团队成员都能够理解并接受工作安排。团队需要明确每一个成员在团队中的角色以及相应的职责，并解释安排的原因及益处。一旦团队成员对自己的团队角色和重要性有了清楚的认识，便可以更好地调动工作积极性，提高相互配合程度。

2. 透明度

缺乏透明度是落实问责制所面临的挑战。首先，如果团队成员不清楚他们的工作方向、目标、角色、责任，甚至有所误解，就很难对自己的行为负责，更不用提团队互相配合了。有时候面临时间紧、任务重的情况，团队迫于任务压力，急于采取行动，而忽略为成员明确目标、划分任务和分配责任，导致工作开展过程中处处受阻。此外，问责制度应该向所有团队成员公开。当需要问责的不当行为发生时，应依据公开的问责制度确定责罚力度，公开责罚决定，这样才能使责罚结果具有说服力，让相关方认可并接受结果，进而很好地落实。

3. 影响力

明确问责对象和做出惩罚决定后，切实执行问责制度也是重要一环，否则会削弱问责制度的威慑力，达不到约束行为的目的。落实惩罚决定，发挥问责制度影响力，需要全员监督，确保落实到位，让相关责任人为自身行为担责。

◈ **本章小结** ◈

　　团队协作能力是科技管理工作者顺利完成工作任务、融入团队的重要能力。科技团队的主要构成要素有：有意义、有吸引力的研究方向和研究目标，互补技能，较少的人员组成，使用共同的方法，相互承担责任。在科技团队的日常工作中，常常面临缺乏信任、惧怕冲突、欠缺投入、逃避责任、个人凌驾于团队之上等障碍，阻碍科技团队的正常工作。可以从建立信任、解决冲突、建立问责机制三个方面消除障碍，从而提升团队的工作效率，促进科研目标的达成。

第 8 章

核心能力六：知识管理

开篇案例　　美国的巴克曼实验室曾开发了 K'Eetix-KM 知识管理系统，
让全球 80 个国家的人分享知识。在这个系统中，能搜集到使新
产品快速上市的最佳方法，这些方法能够提升新产品收入占所
有产品收入的比率，提升新产品利润，将响应顾客问题的时间
从几星期缩短到几小时。无独有偶，为降低产品研发费用并缩
短上市时间，休斯航天公司建立了知识存储和分享的知识管理
系统——"知识高速公路"（highway knowledge）。它整合了互
联网（Internet）、学识库（lesson learned knowledge base）、最佳
实践、专家联系方式黄页、人际关系图、各种设计文件等，能
够让设计人员无须事必躬亲，利用过去的设计经验和成果就能
快速完成任务。这个系统不仅使每个太空飞行器节省了几千万
美元的成本，而且缩短了产品的上市时间。该公司的宗旨是：
没有任何东西是设计两次以上的。[⊖]

　　科技创造也是知识生产创造的过程，如今科技发展日新月异，知识管理
的作用不断凸显。案例中，知识管理提高了生产效率，促进了创新创造。然
而，目前科技管理对于知识的管理仅是简单地把知识汇总分类，缺乏系统
性、全面性、针对性，没有根据知识的内容、属性、级别等因素有针对性地
进行整理、编码和归类，导致科技资源使用效率低下，知识信息重复开发。因

　　⊖　顾基发，张玲玲 . 知识管理 [M]. 北京：科学出版社，2009.

此，社会、企业和个人所创造和积累的知识无法成为知识资产，也无法更好地服务于科技创新活动。知识管理能力是科技管理工作者必备能力之一。

8.1 知识管理的必要性

知识管理的历史可追溯到几千年前，哲学家特别强调用知识来指导人的精神生活和现实生活。13世纪，手工业行会推行的"学徒工—熟练工—师傅"模式就生动体现了知识管理的系统性和实用性。20世纪90年代，信息时代的到来使得信息技术得到大规模应用，许多企业开展内部知识创新、共享、转换和传播等活动，不断提升企业竞争力。知识的地位不断攀升，逐渐成为重要的资源。随着业务流程中知识密度增加，企业效率的瓶颈已从劳动力要素转向包括关键技术在内的知识要素，知识管理的重要性不断凸显。据估计，经济合作与发展组织主要成员国国内生产总值（GDP）的50%以上是以知识为基础的。知识管理很重要，但充满诸多挑战。科技管理工作离不开知识管理，知识管理具有重大意义。

1. 可以查缺补漏

知识管理可以查缺补漏。没有足够的知识，团队缺乏坚实的决策依据，会引发诸多不确定性问题，也无法预判是否能顺利解决问题。例如，顾客对产品需求提出的问题，销售人员缺乏足够的知识，是无法解决的。因此，通过知识管理，发现漏洞并及时补上，可以提高信息的利用效率，进而提高工作能力和效率。

2. 提高效率

知识管理得当，有助于在使用信息时提高效率。知识未经管理，具有零碎分散、杂乱无章、不成体系、无用信息占比过大等特点，导致无法直接指导工作。例如，当获取的知识出现重叠，观点相互矛盾或不一致时，将会导致信息使用者更加困惑，工作效率更加低下。只有管理过的知识，经过过滤、筛选和整合，才是真正能为大众所用的知识。

3. 增强知识的实操性

信息脱离语境会让其意义更加模糊，导致解读出错，同时新语境下信息的意义指向具有模糊性特质。当信息发送者与接收者的经验背景、专业技能等差距过大时，双方所处的语境就存在巨大差异，在信息传达上无法准确传达和理解，增加了工作难度。知识管理，有助于降低语境的维度，使知识更具普适性，能够为大众所理解和认知，剔除佶屈聱牙的专业表达和术语，或是添加注释，可提高知识的实操性。

4. 提高信息的系统性

不同学派站在不同角度对同一事物持不同认知，其内部自成体系，其外部相互矛盾，已是常态。不同学派对同一知识的解释发生冲突时，往往让人无所适从。通过知识管理，可以将知识标签化，更加有利于使用者对知识的属性进行识别，迅速掌握知识特性，面对冲突观点，借助管理过的知识，有助于形成自己的观点，做出自己的判断，真正实现知识利用的目的。

8.2 知识管理模型：SECI 模型

在知识管理的方法和理论中，野中郁次郎研发出经典模型——SECI 模型，其核心文章在相关研究领域被引用次数最多，也得到了企业的普遍应用。SECI 模型梳理了组织内部知识转化过程，提出知识转化的四种模式，在知识转化各阶段运用的不同策略，可以大大提高知识创新的效率，也将进一步提升生产经营绩效。

1. 知识特性

在了解知识管理模型之前，需要进一步认识和把握知识的特性，更好地理解模型的运作，有助于领会如何更好地运用模型进行知识管理。20 世纪 60 年代，迈克尔·波兰尼（1966）根据知识可呈现的程度，提出显性知识和隐性知识的概念，适用于知识管理。

（1）显性知识：通过文字记录下来并传播的知识，知识的显示程度更好，能够让人更加具体真切地使用，通常以听觉、视觉等可感知的方式加以组织，并能够供人交流。

（2）隐性知识：一般难以用文字记录和传播，通常是指个人内在的、难以与他人交流的知识，非常个性化。它主要有以下几种类型：①技术要素，包括核心技术、关键技能和竞争能力；②认知要素，包括分析问题能力、判断力、前瞻性；③经验要素，包括经验和阅历；④情感要素，包括直觉、偏好、情绪；⑤信仰要素，包括目标倾向、人生观、世界观和价值观。

隐性知识和显性知识的主要区别见图 8-1。

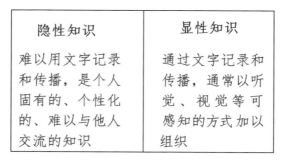

图 8-1　隐性知识和显性知识的主要区别

2. 知识转化阶段

知识转化是隐性知识与显性知识动态转化的过程，呈螺旋式上升，因此也称为"知识螺旋"。1995 年，野中郁次郎和竹内弘高在《知识创造公司》一书中，提出了隐性知识与显性知识相互转换的四个阶段：

（1）社会化（socialization）是从隐性知识到隐性知识的过程，通常需要言传身教，通过行为语言来传递知识。比如，新进员工接受公司文化是社会化过程，通过师徒制观察、模仿、练习可以习得工作技巧和原则。获得隐性知识的关键是体验，通过人与人之间长期的潜移默化、耳濡目染，传授给另一个人。如果没有形成共有体验的话，个人要想使自己置身于他人的思考过程中是非常困难的。

（2）外化（externalization）是从隐性知识到显性知识的外化过程，是知识创造的关键，通过演绎、归纳等手段产生新的概念知识。显性概念一旦产生，就能模型化。例如，程序设计师设计程序、建筑师绘制蓝图、经理人撰写建议书、记者报道文章及专家整理专家系统。目前企业最大的难点在于如何外化员工的隐性知识，将其整理并以文字和程序等具体形式呈现，存储、分享给其他员工，使之成为集体知识。

（3）联结化（combination）是从显性知识到显性知识的过程，可以把知识系统化。通过创造性地使用计算机通信网络数据库，有助于将知识联结化。例如，个人通过文献、会议、电话交谈、互联网等媒体获取显性知识，完成具体的工作任务，以显性知识的形式呈现。企业管理顾问从知识库内获取各种知识，经过重新分类和整理后，完成一份知识管理项目报告。

（4）内化（internalization）是从显性知识到隐性知识的过程，与"做中学"有密切关系。例如，员工可以研读手册学习理论知识，接受专家系统培训，然后通过实践学习内化成自己的隐性知识，提高自身专业素质和能力。

3. SECI 模型应用

SECI 模型的运用实际上是知识转化的具体过程。S 代表社会化（socialization），E 代表外化（externalization），C 代表联结化（combination），I 代表内化（internalization）。案例 8-1 介绍了重大基金项目中运用 SECI 模型开展知识转化的具体过程。

◀▪ 案例 8-1 ▪▶

在 1999—2003 年间，从中国科学院系统科学所参与和从事的重大基金项目"支持宏观经济决策的人机结合综合集成体系研究"中可以看到知识转化过程。这个项目包含四个子项目课题：

（1）人机结合综合集成体系雏形及其支撑环境的研制（7990581），由中国科学院自动化研究所（简称自动化所）、东北工业大学组成课题组。

（2）宏观经济信息、模型及其功能研究（7990582），由 710 所、华中理工大学、中国人民大学、宏观经济研究院（简称宏观院）组成课题组。

（3）支持宏观经济决策综合集成方法体系与系统学研究（7990583），由中国科学院系统科学研究所、上海交通大学（简称上海交大）、西安交通大学（简称西安交大）、北京师范大学（简称北师大）组成课题组。

（4）与宏观经济决策有关的认知与知识发现技术（KDD）研究（7990584），由清华大学、中国科学院自动化研究所、总装备部系统工程研究所（简称系所）、中国科学院心理研究所组成课题组。

1. 社会化

社会化过程中转化的知识有些是关于主要目的和目标的隐性知识，有些是关于项目组成员已有的隐性知识。通过召开各级评审会和讨论会，逐步明确项目目的，并不断改进项目计划，并在内部召开小规模项目组会议，加强和项目组成员的交流，确保项目组明确项目任务。为便于项目组成员互相交流，中国科学院系统科学研究所专门搭建网站，公布基金会批准的总项目、各分项目的计划和主要目标、日常工作要求、基金会领导要求、中期评审的结果、课题组及成员的日常安排，包括举办学术报告会和讨论班，分享成员对课题的心得、看法等。

2. 外化

此阶段通过大量文献调查、网上搜索资料，整理成册。组织系列学术交流、面谈、研讨班，并以会议纪要等形式总结讨论成果。外化阶段，是隐性知识逐渐转化变成显性知识的过程，但是主要以个人研究为主，通过各种形式的交流，创造了新知识，但依旧是零散分布、不成体系，没有形成小组或项目知识。

3. 联结化

前期完成资料收集，此阶段通过把各种显性和隐性知识放在一起，以内部报告的形式演示研究结果，并且验证（verification）和研讨结果的可行性，同时开始跨组交流。该阶段组织了全项目组的学术讨论会，由项目组第二负责人亲自主持，需要协调各课题组的活动安排。

4. 内化

此阶段重点放在验实（validation）。如何把研究结果与实际情况或者预判情况加以验实？这需要开展一系列具有明确目的的试验，然后，开始汇总项目研究成果，准备接受国家基金会的审查，需要加强项目成果的保密工作。

综上，重大基金项目中的知识转化与知识螺旋见表 8-1。

表 8-1　重大基金项目中的知识转化与知识螺旋

1998—1999.6	1999.7—2000.6	2000.7—2001.6	2001.7—2002.6	2002.7—2003.6	2003.7—2004.1	2004.1—2004.7
自上而下计划	自下而上的研究	自下而上的研究中期检查	自下而上的研究	自下而上的研究	自下而上的研究最终检查	自下而上的研究
隐性	隐性—显性	隐性—显性	显性—显性	显性—显性	显性—隐性	显性—隐性
—	社会化小组每个人的研究	外化子课题中各小组的研究	联结化子课题各小组之间合作研究	联结化各子课题之间合作研究	内化有些成果形成软件	内化有些软件形成专利

资料来源：顾基发，张玲玲. 知识管理 [M]. 北京：科学出版社，2009.

8.3　知识管理过程

知识管理过程可分为知识获取、知识存储、知识转移与共享等三个基本环节，见图 8-2。

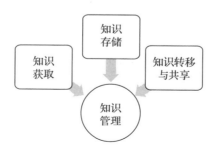

图 8-2　知识管理过程

8.3.1　知识获取

知识获取是指企业将外部环境中的知识转换到企业内部，并能够为企业所用的管理过程。[一]它包括两方面：一是知识的收集。企业通过无偿和有偿的方式获得外部知识的使用权。企业外部知识来源丰富多样，包括科研机构、上游供应商、消费者、咨询顾问、竞争对手及非竞争性公司等。二是知识的辨识。企业根据发展战略和自身定位，了解所需知识的来源和可获得性，对知识进行评估筛选，确定可利用知识的范围。

获取知识的主体是"人"，需要主动地获取知识。同时，企业作为许多"人"的集合体，也在不断产生知识。所以，企业的知识获取离不开个人的知识获取，是在个人知识的基础上进行的。知识获取要注意以下问题：

（1）知识获取要注重知识的整理，而不是简单地不加筛选地收集。从内部或外部获得的现成可用的知识很少，大多数获得的数据、信息、显性知识都须通过人脑分析加工才能使用。

（2）获取知识的主体（人）的素质高低对于知识获取的质量有影响。认知模式将会影响信息的筛选结果和整合成果，主观因素影响较大。

（3）知识获取应注重有效性，做到高效地获取知识。应注意如下几点：①获取知识是需要成本的，包括时间、精力、费用。知识在获取之后，需要进一步加工和整理，才能进入知识库存储，才能更高效地使用。②企业注重获得实用的、能产生收益的知识，强调知识带来的效益。③利用数据库做到知识信息的获取、整理、提取同步进行，提高知识效率和效益。

（4）提高对于隐性知识获取的重视度。

8.3.2　知识存储

知识存储是指组织将有价值的知识经过选择、过滤、加工和提炼后，

㊀　张英．知识管理助推教育培训改革 [J]．中国电力企业管理，2014（9）：94-95．

存储在媒介内以利于需求者更为便利、快速地采集，并随时更新和重组其内容与结构（林东清，2005）。

　　显性知识可以通过企业内部网络或员工手册等形式存储下来，隐性知识的存储需要依靠知识的共享来完成。知识存储步骤如下：

　　（1）知识选择与过滤。由于信息技术与互联网技术不断进步，存储与传递信息和知识更加便捷。例如，昇日（Sun-Micro）公司就曾遭遇信息决堤的问题，全公司每天产生150万封电子邮件，平均每个成员会收到120封，且大部分都是与工作无关或毫无工作意义的邮件，容易引发员工不耐烦、反感，采取忽视等消极态度，因此很有必要引用技术手段来提高存储对象筛选、确定的效率。

　　斯图尔特（1997）提出知识选择的两大管理法则：一种是市场交易导向原则，认为用户愿意付费的知识才是有价值的，以及具有存储价值。另一种是成本效益分析原则，认为当组织决定是否要存储知识时，可以用存储成本与存储后的效益做比较。两大管理法则可以为存储对象的甄别提供指南和参考。

　　（2）知识加工与提炼。为确保质量，知识由选择到存储之间必须经过多道工序的加工与提炼，主要包括提升知识的准确性，接下来才能进一步整理提升知识的价值和使用效率。

　　知识的正确性主要解决知识间的矛盾、重复、错误和时效性等问题。可考虑建立一套适用于公司标准的关键名词与用语，即将知识标准化。通过次轮整理，基本上确保知识可以使用。

　　提升知识的价值分为提升显性知识的附加值和隐性知识的附加值。例如，对于设计蓝图、财务报表、程序手册等显性知识，由专家在这些结构化的知识上加以注解该如何运用、表明含义，并提出分析观点，以便更好地使用知识。专家收到不同员工从互联网（Internet）和网络论坛（BBS）上收集的信息，包括交换心得和提出的意见，以及自己整理的知识，然后对这些信息进行整理分析，评估判断最佳应用情景，有利于信息发挥最大使用效率。最后，将整理分析后的结果提供给员工使用。

　　知识方便性的提升离不开对知识的整理和再编辑，包括归纳分类、建立索引和优化使用界面。由于外部搜集来的知识在结构、写法和格式上各有不同，为方便阅读，应当以标准化格式进行编辑。决定并设计分类结构与索引标准，方便整理各种不同的知识，有利于快速查找所需知识，也影响着用户使用意愿。

　　（3）知识存储与更新。知识管理离不开工具的使用，知识库有利于提高搜集、存储、传递和共享重要知识的效率，让有需求的用户能快速采集存储知识，使有用的知识可以被高效地重复利用。但是，知识库本身具有生命周期，知识库的存量过大、过于老旧会拉低整体使用效率，提高知识存储成本，因此应当保持随时更新。要做到知识的内容、分类、结构与时俱进，应安排专人负责知识库的管理与维护，建立知识利用成效的评估机制。

8.3.3　知识转移与共享

　　科古特和占德（1992）认为，企业转移知识的能力是影响企业存续的重要因素。企业有效地进行知识转移，对企业增强竞争优势至关重要。组织内部或跨组织间通过各种渠道进行交流讨论，目的在于扩大知识的利用价值并产生新知识（林东清，2005）。随着经济全球化加深，市场竞争日趋激烈，知识已成为企业最具重要性的战略资源之一（Nonaka，1994；Grant，1996；Simonin，1999）。通过不断学习，掌握知识管理的有效手段，可以创造、开发、转移和共享知识，有助于保持企业竞争优势。需要把大学、研究所等外部知识源拥有的知识转移到企业内部，使企业内部知识实现内部转移和共享，并且把外部和内部知识应用于技术创新中（王毅，2005）。

　　知识共享的主要原因如下：

　　（1）有利于创造价值。知识与一般资产不同，不存在边际报酬递减的现象，不会因多人共享而磨损或发生折旧，不会降低其原有的价值，反而共享越多，价值效益越大。不同的知识交流能碰撞出新的知识，异质性越高，就越有可能产生新知识。通过共享可以将个人隐性知识外化为组织拥有的显性知识。野中郁次郎认为，通过互动讨论，个人会在共享中将隐性知识分析、整合和外化，然后概念化为可转移的知识。

（2）有利于提高工作绩效。知识不共享容易造成重复开发，导致资源浪费。组织内部需要及时对已取得的知识和经验进行传递与共享，这样在出现类似问题时，就可以快速有效地解决。另外，知识及时共享有利于人们及时吸取教训，避免重蹈覆辙或者产生不必要的损失。

（3）有利于应对外部需求。全球经济联系不断紧密交织，价值链蔓延覆盖全球。产业链和供应链全球化，要求各产业部门加强跨国协作，知识共享成为必然要求，确保产品和服务标准一致，成为真正的有机整体。单一组织全链条负责产品的开发与销售的模式，将因效率低下逐步被淘汰。专业化分工成为未来趋势，各环节只有快速地共享彼此的知识，才能获得共赢的结果。

（4）有利于转化为组织知识。专家与组织的关系既对立又统一，实质是知识的分享与共享关系。在知识经济社会中，知识有利于促进经济增长。个体作为知识创造的主体，通过组织结合在一起，凝聚成更强大的力量，推动生产力的发展。个人知识与组织知识能否有效地相互转化是关系到知识经济社会能否成功运行的基础性关键环节。

◀◀ 案例 8-2 ▪▶▶

2020 年，在总结原企业科技特派员工作经验和教训的基础上，广东省科技厅拨付 4000 万元，启动企业科技特派员专项，提出"以企业技术需求为导向"，采取揭榜制，探索广东省企业科技特派员"精准特派"新模式，支持相关企业开展技术攻关和加快产业升级。同年 4 月 14 日，广东省科技厅发布《关于组织 2020 年广东省企业科技特派员项目的通知》(粤科函资字〔2020〕203 号)，吸引全球优秀的科技人才为广东省企业创新发展服务，进一步发展壮大全省企业科技特派员队伍。⊖截至 × 年 ×

⊖　广东省科学技术厅. 广东省科学技术厅关于组织 2020 年广东省企业科技特派员项目的通知 [EB/OL]. (2020-04-14)[2022-05-18]. http://gdstc. gd.gov.cn/zwgk_n/tzgg/content/post_2972090.html.

月，该专项共吸引 2538 名全球高端科研人才，集聚 309 家省内外优质特派员派出单位，吸引了格力电器、东方电气等 1604 家企业，并促成企业和特派员成功对接 595 项，可谓个人知识向组织知识转移的典型案例。

个人知识是一种学习知识，组织知识是一种产品知识。个人知识与组织知识存在相互转化的关系，可通过个人学习组织知识、将个人知识整理为组织知识来实现转化。个人的隐性知识变为组织的显性知识，提供给更多员工学习，是知识创造的开始，将成为个人或组织成功的前提。组织的显性知识转化为个人的隐性知识，是知识应用的过程，有利于提高知识转化效率，应用在实际工作中，有利于创造经济价值。

因此，个人知识与组织知识的有效转化事关知识创新和组织创新，是知识经济社会中个人与组织发展的重要命题。

8.4 实战演练：知识管理的具体运用

这一节主要介绍知识管理的工具。知识管理系统能够用来帮助企业进行知识存储、共享，这一切离不开高效的知识管理工具。

8.4.1 知识地图

知识地图是指知识库的目录，用来显示知识来源，帮助检索所需的人或组织的知识项目和所在位置。知识地图命名和分类的方式有很多。系统规范的分门别类，有助于按图索骥，层层追踪找到所需知识，有利于高效利用知识，同时，也可查漏补缺，发现尚待补充或开发的知识板块（杨曦宇，2007）。

知识地图的分类方式主要有以下两种。一是按呈现方式分类，包括信息资源分布型知识地图、概念型与职称型知识地图（采用阶层式、分类式、语义网式进行呈现）、流程型知识地图（采用企业流程图、认知流程图、推论引擎方式呈现）、网页形式的知识地图。二是按功能和应用分类。目前，研究较多的知识地图有企业知识地图、学习知识地图、资源知识地图等。[⊖]瓜里诺主张从详细程度和领域依赖程度这两个维度对知识地图进行划分。

知识有相当一部分零散地存在于员工的头脑里，可以通过问卷搜集信息，重新整理。企业需要先分类和整理知识，然后再建构知识地图，搭建知识的体系框架。知识地图和组织架构图的区别是，组织架构图是根据职位高低来排列，不利于定位知识来源，对寻找知识帮助不大。要制作一份高质量的知识地图，必须完成以下五件工作：

（1）将重要知识及技能的形态加以分类。

（2）将各类知识及技能的程度加以区别。

（3）明确各特定职务所需要的知识种类与程度。

（4）对各知识型员工的能力表现进行评比。

（5）建立知识地图索引系统。[⊜]

作为知识管理工具，知识地图能把复杂的数据结构形象化，清晰地呈现表面上截然不同的条目之间的联系，为成员高效获取和使用，也有助于后续知识管理。

◆ 案例 8-3 ◆

微软公司的知识地图（见图 8-3）中包含了 137 项显性知识和 200 项隐性知识，将能力划分为四级知识掌握程度：基本级、操作级、领导级、专家级，并做出详尽而清晰的定义描述，定级有据可依，可以避免主观误差。微软重要部门的每个职务，都需要经理赋予 40～60 个知识项目加以评估，依此标准衡量员工的实际能力，评估过程由员工、小组及经理互动完成。[⊜]最后，微软共享给全球的微软员工。知识项目可分为四类：入门知识、基础知识、独特知识与全球知识。

⊖ 徐若桐.我的知识地图 [J].小学生时代，2014（4）：40-41.

⊜ 王振兴.基于知识管理的图书馆知识服务策略 [J].科技创新导报，2012（13）：224；226.

⊜ 梁国栋.构建电力企业风险管理文化体系 [J].中国电力企业管理，2013（2）：100-102.

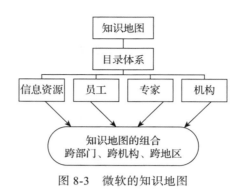

图 8-3　微软的知识地图

8.4.2　知识库

知识库是组织中现有的知识数量总和（Gabler and Voland，1994），包括电子访问的数据库知识和不以电子方式访问的知识要素，比如存储在员工头脑之中和记载在纸质文件上的知识。

1. 搭建知识库

知识分为两种：一种是显性知识，多以报告、手册等为具体载体，相对客观，较容易通过文字表达，容易结构化呈现；另一种是隐性知识，具有浓厚的主观色彩，不易形式化，通过个人经验、技术技能、文化素养、个人习惯等方式表现。企业内部创造知识，实际上是这两类知识相互转化的结果。

将显性知识加以结构化，清晰详尽地整理成文件，并建立易于操作的索引系统，以便查询使用，有利于知识的存储与流通，是知识管理系统化阶段的主要工作，也是"知识库"的搭建过程。在搭建知识库的过程中，需要注意了解三个重要观念（傅为忠、重军，2003）。

（1）员工经年累月形成的专长最为宝贵。譬如音乐大师独特的风格，只可意会不可言传，依葫芦画瓢也始终不及其韵味。律师及法官们处理案件过程中的斟酌和考量，难以详细描述，也难以具象化。针对难以言传的隐性知识，鼓励员工拿到联系方式，直接互动，比颇费周章整理成文字和记录下来更有效率。传统的师徒传承制，代代相传，历久不衰，同样能给予后人有意义的参考。

（2）营造有利于活用知识库内知识的条件。档案室开展的是文件管理工作，对象是过去的知识，与之不同，知识库管理必须具有前瞻性，能够为未来创造价值。追求囊括所有知识，既徒劳无益，又成本巨大。隐性知识的属性决定了强行结构化只能是费力不讨好，过分套用显性知识的结构性特征，反而会扭曲知识，甚至让使用者误解和疑惑。所以在搭建知识库的时候，要注重未来导向的知识管理，应明确以下四点：

1）知识库的使用者是谁？

2）库化知识的呈现方式是什么？

3）库化知识的品质标准是什么？

4）库化知识的存储、传播媒介是什么？

（3）利用科技手段管理知识库。互联网作为沟通桥梁和资源网络，可以消除区域性障碍。利用信息网络技术，打造企业内部资源网络，让使用者方便快捷地畅游于各资源库，同时配合使用 Lotus Notes、Grapevine 等知识库管理工具，可以更好地对知识进行管理和传播，提高知识库整体的管理和使用效率。

2. 企业知识库的目标

（1）信息资源全面、准确、权威、海量、时效。首先，确保足够的知识供给。知识信息资源要拥有广泛、稳定、可靠的信息来源，有专业化的信息资源通道，有强大的专家群对信息的内容进行甄别遴选。比如，正式出版的报纸、期刊、文献、博（硕）士论文、会议论文、行业年鉴、经济统计数据、行业深度研究报告、企业典型案例、企业管理工具书等信息资源，且不断更新信息。

（2）应用软件平台支撑知识管理。面对海量信息资源数据库检索、外部网络信息资源实时采集、分布异构式专业数据库群的跨库检索、关联，以及企业信息资源知识管理的应用需求，提供技术先进、功能强大、运行稳定的整套应用软件平台，全面支持并满足企业实现知识管理和信息资源开发利用的现实需要（孙星，2006）。

8.4.3　知识社群

艾伦·韦伯在 *What's So New about the New Economy* 书中提到："在新经济体中，谈话是最重要的工作交流形式，是与同事分享知识的重要渠道，也是组织创造新知识的重要过程。"[一]人类本质上具有社群性，在互动交流过程中更具有创造性，并且得到积极的反馈，能够促进良好交谈氛围形成，进一步刺激知识分享，形成良性循环。一位来自美国半导体公司的技术转移经理表示，轮岗学习最能促进知识转移，但是成本太高。知识社群不仅更加灵活，而且成本更低。

知识社群，是指一个自愿分享知识的团体，社群成员主要是通过兴趣和私人关系等聚集在一起，而不是正式工作联系。社群成员自主性更大，因为加入社群的目的就是分享经验和知识，共同进步和成长。知识社群有利于隐性知识的流动，进一步促进新知识的产生，有效克服隐性知识无法记录和完整纳入知识库的缺点。开展知识社群活动可以采取定期聚会、为社群搭建专门网站、"知识即兴演奏"、创新大讨论等方式。比如，惠普公司的软件社群是由一群软件开发工程师、项目经理、产品经理及销售人员组成的，定期通过远程视频会议等方式进行相关主题研讨、交流和分享，加深对业务的理解和认识。

◀▬ 案例 8-4 ▬▶

3M 公司建有促进员工创新的鼓励机制，召开常态化技术研讨会，举办知识社群聚会活动，使员工有了充分交流的机会和专门沟通互动的时间，可以进一步促进创意开发和应用。有时公司甚至会开月度例会，以便及时集中分享知识，有时也举办为期数天的旅行。科技论坛组织科学家与科技研发人员，每年举办一次为期三天的"知识展览会"，费用由公司赞助。

[一]　周燕玲. 浅论图书馆的知识管理策略 [J]. 中国科技纵横，2011（1）：344.

3M 公司相信将知识普及化，使员工时常吸收知识，是开发新产品最有效的方法。虽然信息科技对知识存储与流通有很大的助益，但是创造和转移知识的关键是形成良好的内部知识分享的文化氛围，而不仅仅是信息科技的功劳。

总而言之，通过知识社群，成员相互分享知识，可以促进知识转移与传递。但是社群作为一个组织，其培养壮大离不开必要的资金支持，以及必要的发展资源。建立固定的交流机制，并将其作为职工发展的重要途径，给予足够多的重视，有利于营造良好的发展环境，进一步促进企业内部知识转移和创造。

8.4.4　知识管理 PDA 法

知识管理方法包括规划与准备（preparation）、具体开发（development）、推广应用（application），简称 PDA 方法。

1. 第一阶段：规划与准备

知识管理是一项复杂的管理活动，具有一定的内部体系，而且知识信息体量庞大，不可能将所有的知识信息都囊括进来，需要有选择地进行搜集和管理。针对要实施的知识管理策略，应该明确知识管理的范围、预期目标和最终产出、挑选负责人员、制订进度计划，并正式开启该项目。

（1）知识管理遵循以下几个原则：

1）明确具体。知识管理的目标应该尽量明确具体。空谈"战略"误事，实干兴业。没有具体的"战术"实施，最终只能导致美好设想泡汤。在知识管理中，为了获得高质量的成果，在制定目标时就应该明确具体。

2）绩效驱动。以绩效目标为导向的知识管理能够真正帮助企业找到解决工作中存在的问题和稳定提升工作效果的方法，从而也使得知识管理更容易被接受，形成一种良性循环。例如，网易科技公司的某款游戏在更新后流失了不少用户。为此，网易公司内部通过开展知识管理活动，比如业务经验交流、用户访谈、竞品分析等，并将所得到的信息制作成课程，推送给游戏产品的所有负责人，负责人经过学习与培训后，找到应对措施，有效控制用户流失。

3）场景化。应用场景不同，知识管理需求也不同。在开展知识管理的过程中，应立足于某一目标岗位/人群的应用场景，才能更加有针对性地解决业务需求。

（2）知识管理的目标和预期产出。明确了知识管理的范围后，必须进一步规范和设定知识管理的相关目标，即知识管理最终效果。通常会以定量的形式明确知识管理效果，包括多种类型的产出成果，比如报告、课程教材、开发知识文档、标准操作程序、工作辅助工具、微课等具体数量。此外，还可以形成在线学习模块、培训课程、知识分享会、岗位培训计划、业务流程优化或再造等知识管理活动。

2. 第二阶段：具体开发

根据筹划安排，研究最大限度识别、开发、获取知识，是知识管理的关键步骤和主要内容。开发阶段具体包括以下流程：首先，根据实际情况，比如设备环境、人员构成、资金条件等，得到一份合理的管理方案，并将其工作内容细化到具体每个人和每项任务；其次，通过多渠道（包括内部渠道和外部渠道）尽可能地搜集相关知识信息和资料；最后，综合、研究分析和提炼所搜集到的资料，转化为有价值的内容。

知识管理所涉及的具体方法和手段有许多种，按简易程度以及项目管理的主体，可分为三种类型：

（1）内部轻管理。在企业内部，可以组织业务专家通过工作会议（比如每周例会或每月例会）、专门的分享会、在线学习平台、知识管理平台、社交媒体网站直播等方式，进行知识分享。可以借此机会，对专家已有知识进行梳理、总结、提升，有利于形成持续学习和分享知识的氛围。

可以通过标准操作程序撰写来梳理工作。撰写时要求工作人员理解和掌握自身工作情况，并总结为经验要点，以规范化、系统化的形式呈现，有利于对员工的隐性知识进行管理。

可以通过案例开发的方法管理知识。诸如华为、腾讯、平安等知名企业，通过案例开发，挑选相应人员所取得的业务佳绩汇总为案例报告，以完整案例的形式推广学习。当然为了得到高质量的案例成果，需要进行周密的业务专家访谈或团队共创研讨。

可以通过复盘的方法实施知识管理。可以参考如下步骤。一是回顾、评估。需要把整件工作开展的前因后果都理顺，同时对照任务目标、执行策略与进度计划。因为目标和计划是衡量工作成果的重要标尺，进行对比评估后，更容易找出不足之处和可取之处。二是反思、分析。进一步分析，找出出现不足之处和可取之处的根本原因，明白其背后的原因和障碍。三是萃取、提炼。这时需要调整视角，从整体上审视整件工作，思考背后的深层次原因和规律，总结得出有利于未来工作开展的指导性意见。这是一个提炼的过程。四是转化、应用。在日后的工作中，要汲取经验和教训，并贯彻落实，进一步检验和反思成效。以上是我们做复盘时要注意的事项，笔者将其称为"复盘之道"。

（2）内部重管理。开发课程是当前企业较为流行的知识管理方法。大型公司内部一般会成立学习培训部门，组织人员参与到相关工作课程的开发中，可以采用线上、线下两种方式开展。但大多数公司无法承担成本，也可以通过定期聘请专家对公司的内训师和业务专家进行培训，提升独立自主地开发知识课程的能力。

内容策展是指组织具有相同或相似工作实践的人群共同开展活动。内容策展的质量与策展人的水平息息相关，需要具有相关经验或资质的专业人员负责，也可以邀请专家培训有潜质的策展人。在进行内容策展时，需要成立正式或非正式的联合工作小组，提前数周乃至数月进行准备、实施。协调公司内外部的 IT 人员，选择相应的软件工具，创建相应的网站，或搭建物理的展示空间。

通过标杆学习整理经验和有益做法进行知识管理。榜样是前行的明灯，向榜样学习可以取长补短，是重要的学习机制，也是员工进行知识管理的途径。企业可以通过系统化的流程，将自己的产品、服务和经营管理方式，与行业内外优秀代表的最佳表现或实践进行比较。通过竞品分析，找出差距，制定措施，实现持续改进。

（3）外部开发。大多数企业本身不具有知识管理的人员和条件。因此，可以通过合作引进外部资源，共同开发知识管理活动。知识管理项目不同于内部课程开发，前者通常要聘请外部人员主导，企业可以根据发展战略需要，挑选合适的服务机构和顾问，有利于准确地把握项目的预期产出、验收标准、进度及资金预算等。此外，外部培训也是整合知识管理资源的方式，企业可以派遣员工参与外部知识管理培训，或邀请专家到公司讲学等。

3. 第三阶段：推广应用

此阶段的主要工作包括基于预期产出、目标及应用场景，对知识内容进行分类整合，针对不同需求输出相匹配的知识成果；多渠道推广学习，定期监测实施效果，并做出评价反馈；结合业务发展需要，提出下一步的改进意见。

◀ 本章小结 ▶

知识作为企业重要的战略资源和无形资产，企业科技管理人员加强知识管理可以为企业增值和节约人才培养的成本。本章从知识管理过程的角度出发，介绍知识获取、知识存储、知识转移与共享等三个基本环节，清晰呈现知识管理的全过程，让科技管理人员进一步认识知识管理。然后，通过介绍知识管理的方法，比如知识地图、知识库、知识社群、知识管理 PDA 法，为科技管理人员的工作实践提供具体的指引和方法参考。

第 9 章

核心能力七：创新能力

开篇案例

当前，尽管海尔的家电业务保持着行业领先，但是海尔集团在创新之路上从未止步。海尔在智慧家居、工业互联网、生命健康等赛道发力并建立优势。"人单合一"、全员创新的企业文化是海尔的成功秘诀。

早在 2001 年，海尔的网络家电系列就在德国科隆家电博览会上引起了轰动，从设计到成果落地，前后花了不到 3 个月。海尔的创新速度有赖于对开发全过程的积极创新。当时，海尔在全球拥有最少 15 个研究开发网点，超过 6 个设计分部，能够整合资源实行技术并行开发，大大加快了产品的更新换代。

"人单合一"模式是海尔能够创造巨大经济价值的重要途径。人是指员工，单是指客户，人单合一就是员工给客户创造价值的同时，实现自身价值，即双赢。[⊖]为此，海尔扬弃了传统企业金字塔式的运营结构，改为组建 2000 多个自主经营体，自主经营体直接与客户对接，并根据市场变化和用户需求，主动创新。

在当下知识经济时代，企业的生存与发展环境都发生了根本性变革。越来越多的企业发现，随着用户需求不断变化、产品生命周期和研发周期快速缩短、新技术源源不断涌现，以及竞争日益激烈，企业若想保持市场竞争力，必须要进行科技创新，去适应市场的变化。虽然海尔的模式未必

⊖ 张锐. 海尔"人单合一"模式的管理学突破 [J]. 金融经济，2014（1）：39-41.

能被复制，但作为科技管理人员，可以学习海尔的创新意识和创新能力，时刻培养创新习惯，提高创新能力，与企业同步适应快速发展的环境。科技管理人员可以从战略创新、技术创新、管理创新、文化创新等角度，充分培养创新意识，为企业科技创新注入活力。

9.1　创新习惯的养成

科技管理人员在培养创新习惯的过程中，需要营造良好的环境氛围，重视文化创新。企业和个人可以通过培养创新意识和创新习惯，塑造良好的创新思维，不断提升创新能力。

9.1.1　逆向思维

逆向思维，是一种反习惯、反传统、反常规的创造性思维方式，可以提升创新能力。对于个人而言，逆向思维能力能够激发个人的创造性以及解决问题的能力。对于管理者而言，优秀的逆向思维能力能够凝聚团队，推动思维方式的变革，激发科学技术不断创新。比如，从原因推测结果是传统的思维方式，而从结果逆向推导原因，是逆向思维的表现形式之一，违反日常思维的思考方式有时也是反本能的，但可以收到意想不到的效果。

为获得商业成功，一般企业会采用的传统思维方式是，积极收集用户需求，通过营销大力宣传公司产品，扩大品牌优势，竭尽全力吸引客户，同时考虑如何击败竞争对手。这种思维方式通常很有效，但是使用逆向思维去考虑问题时，能看到使用传统思维方式容易忽略的细节。比如：

- 不是考虑当下企业应该做什么，而是考虑竞争对手不愿意做什么。
- 不是考虑当下企业能够做什么，而是考虑竞争对手做了什么会给企业带来困扰。
- 不是考虑当下如何最快获得利益，而是考虑如果暂时吃亏能不能收获长远利益。

- 不是考虑当下能做的事情，而是考虑现在绝对做不到的事情。
- 不是考虑这样做就会获得好结局，而是考虑什么是最糟糕的结局，从而去逆向推导风险点，采取相应行动。

我们现在来模拟一个场景。假设 A 和 B 都属于科技服务机构，你在 A 公司工作，按传统思维，A 公司应该积极拓展客户，提供满足客户需求的科技服务产品。按逆向思考去考虑，会发现竞争对手 B 不愿意看到的事情有：B 的科技服务产品质量不佳，被打差评；B 因为激进的市场化运营导致口碑下滑；A 客户存量增加；A 的科技服务产品获得权威认证或奖励等。

通过逆向倒推，思考"不愿意发生的情况""违背常理的情况"，梳理之后，A 公司应该做的事情就很清晰了，即提高科技服务产品质量，最好能获得权威认证或奖励，提升产品口碑，在拓展客户的同时，不采取过激行为，以维护服务口碑为主。将逆向思维和传统思维相比可知，只想自己应该做什么，容易一叶障目，但是想到竞争对手不愿意做什么、愿意做什么，能够帮助自己打开思路，通过思考事物的反面找到新主意。

9.1.2 头脑风暴法

1939 年，美国创造学家亚历克斯·奥斯本首次提出头脑风暴法（brain storming）。这是一种激发创造性思维的方法。由于群体决策（无论正式还是非正式的）中，组织成员会倾向于"随大流"，即服从权威意见或者多数人的观点，在需要创新变革的活动中，这将削弱组织成员的批判精神和创新能力，也会对决策的质量产生破坏。头脑风暴法可以很好地减少群体决策的弊端，激发创新创造活力。

头脑风暴法意在激发参与者的创造性思维，使参与者充分敞开思路，创造性地思考和讨论，得出尽可能多的想法，无论对错，无须删减或综合评述，充分释放想象力，让奇思妙想在对话中相互碰撞，产生创造性的"风暴"，从而在短时间内搜集到大量信息。

在科技管理工作中，头脑风暴法往往可以应用于不同场景中，在需要专家意见时，专业人士之间的头脑风暴可以激发创造性，产生各种设想；在需要决策时，可以对专业人士提出的设想、方案进行质疑、分析、评判，从而分析现实可行性，进行决策。

头脑风暴法要求参与者有较高的专业素养，要熟悉和了解头脑风暴法的实施过程。头脑风暴法实施的成本很高，参与者的专业素养会直接影响头脑风暴法的实施效果。

在实施头脑风暴法时，可按照以下步骤进行：

1. 确定会议主题和规模

会议时间以 20～60 分钟效果最佳，会议的主题宜大不宜小，一事一议，避免混淆。项目目标必须明确具体，避免模棱两可。

2. 选择会议主持人

在头脑风暴的过程中，主持人身肩重担，需要激发与会者的思维和灵感，营造急于发言的氛围。因此，会议主持人要具备以下专业素养：①熟悉头脑风暴法的基本原理、组织流程和方法，具备一定组织力；②比较深入了解会议主题以及科技发展趋势，才能在会议中进行启发和诱导；③坚持和贯彻头脑风暴法的相关原则；④能够及时、灵活处理会议中出现的问题。

3. 确定参会人选

以控制在 8～12 人为宜，专业构成要合理，提前介绍头脑风暴会议提倡的原则和方法。与会者都应具备一定相关知识素养和解决问题的能力。

4. 提前下达通知

最好以书面形式发布通知，并注明会议主题、日期、地点、拟解决的问题和项目背景，有利于参会人员对讨论主题提前做好准备。

5. 会前通过训练进行热身

在会前，主持人可采用游戏、思维测试等用于打破常规、转变思维角度的训练活动，对与会者进行创新思维锻炼，提醒与会者要尽量减少思维惯性。由于科研工作本身复杂、多元，有时又相对单一、单调，因此通过简单训练从工作情绪中解放出来，才能以饱满的创造热情投入头脑风暴会议。

6. 开展头脑风暴

首先，主持人简单介绍应遵循的原则及讨论主题、目的，创造融洽轻松的会议气氛。然后，与会者无须按照一定顺序，而是自由、平等发言，以激发创造性思路为主，并安排专人进行记录。与会者提出的各种意见和方案，其他人不能立刻对此进行批评和评价，而是要将质疑放在最后阶段，因此要将与会者的设想进行分类、归纳、评价，形成会议记录，并且把公认的具有切实可行性、创意十足的设想再次进行完善，作为头脑风暴的结果。

7. 会后可行性质疑

首先，要求与会者质疑和评论相关设想，重点关注阻碍设想实现的因素，包括成本因素、技术因素等，并将新产生的设想记录下来，整理出评论意见一览表和可行性设想一览表。然后，组织有科研能力并能对设想实施做出较准确判断的专家，分析和处理质疑结果。如果头脑风暴的目的是在短时间内就重大问题做出决策，那么在头脑风暴前应采用德尔菲法先行听取专家的意见，提高工作效率。

头脑风暴法要求与会者除了提出设想，还要考虑如何将自己的想法和他人的设想相结合，取长补短，不断改进。实践经验表明，在科技企业管理过程中，头脑风暴法可以排除折中方案，规避群体决策的"随大流"风险，从而找到一套切实可行的方案。

9.1.3　建立内部沟通机制

◀▪ 案例 9-1 ▪▶

国内某知名互联网公司，为建立敏捷的反馈和问责机制，搭建了内部沟通网络，涵盖业务管理、办公管理、人事管理、交流管理、个人事务等模块。每个模块可以单独运作，也可以协同配合。公司员工在个人账户可实现远程办公，可查看工作任务，收发电子邮件，阅读企业最新公告，参加公司内部论坛讨论，等等。"任何员工都可以发表任何意见，员工和高层之间没有任何阻隔，意见可以直接传达。"短短半年内，该内部沟通网络就有 22 840 条发言，平均每人有超过 761 条发言，超过 2 000 字的发言也非常普遍。员工有着强烈的参与感，争相为企业出谋划策。

从案例 9-1 可知，加强内部沟通网络构建，在冲突处理、员工激励、知识管理、企业变革等各方面可以集思广益和共享信息，有助于培养团队成员的创新习惯，推动公司创新文化的形成。

1. 信息共享提高管理效率

借助项目管理网络平台，可以在最短时间内跨部门共享信息，提高各部门协调运作效率。但是，这也对管理提出了更高要求，必须制定合理的流程并严格执行，才能防止管理混乱。尤其是在数个项目同时进行时，会出现一个人参与多个项目的情况，平台要能够克服地理空间限制，实现线上紧密沟通，才有助于项目管理。

2. 团队协作促进项目开展

信息共享使得跨部门协同成为可能，并不断提高团队协作的重要性，任何一方的工作进展滞后都可能会拉低整体效率，影响整个项目的顺利完成，并影响对项目组成员的考核结果。因此，部门各自为政、以己为中心的思维失去了生存的土壤，以任务和流程为中心的管理模式打破了部门之间的沟通障碍，促进了人员和资源的充分相互涌流，提高了资源配置效率，培养了协同创新习惯。

3. 培养平等、自由、参与、互动的文化

良好的内部沟通机制能厚植出创新的土壤。抛开学历、资历、职位的

差异，每个人都拥有充分发表意见的机会和权利，并得到重视，不成熟的想法也能得到尊重，潜移默化地培养强烈的参与意识，并不断与时俱进，积极主动创新。

9.1.4　科技创新风险识别、评估、处理

在立项、研发、生产、消费等过程中，创新风险无处不在，贯穿全程，培养科技创新风险识别、评估、处理能力，有助于形成良好的创新文化。

1. 科技创新风险识别

科技创新风险识别是指系统地、连续地识别，并且记录可能对项目及相关人员等造成不利影响的因素，其中包括所有与项目相关的过程、参与者及存在的问题，从中确定风险的来源及产生条件。⊖

风险源、风险种类、影响因素均是进行科技创新风险识别具体要分析的要素。具体风险事件的形态和出现节点要根据项目具体情况具体分析，判断可能产生的风险点类型和级别，并且分析判断是否能够接受该风险，为风险防控未雨绸缪，提前布局防控办法。在某些情况下，科技项目的风险识别也需要企业的相关部门如知识产权部门、财务部门、生产部门，甚至需要政府等利益相关部门的配合、协助，才能快速、准确、全面地识别出风险。

风险识别方法有很多，一般常用的方法可以分为两大类，即研究性文献分析法和德尔菲法（专家调查法）。

（1）研究性文献分析法。研究性文献分析法主要是通过对所研究的问题进行相关文献资料的搜集整理工作，在搜集整理后，对整理出的具体数据进行深入、具体的综合性分析，提炼获取科技管理人员需要的相关信息，对该问题形成研究性的结论和综述。研究性文献分析法需要大量的数据资料和文献作为基础才能使用。

研究性文献分析法主要工作包括文献搜集整理、相关领域专利技术了

⊖　方华基. 创新时代的科技风险治理 [D]. 杭州：浙江大学，2012.

解分析，其中文献搜集整理又可分为内部研发资料整理和外部文献资料整理，这需要企业做好知识管理，使已有技术情况可以快速被了解、掌握。而科技管理工作者可以通过对文献进行研究分析，掌握过去至今风险出现的关键节点，构建项目发展运行的轨迹，进而实现风险识别。

研究性文献分析法具体步骤见图 9-1。

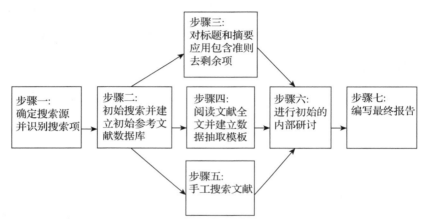

图 9-1　研究性文献分析法具体步骤

（2）德尔菲法。德尔菲法也称专家调查法，是现行较为常用的咨询方法之一。德尔菲法于 1946 年由美国兰德公司创始实行，随后逐渐完善。德尔菲法首先根据项目情况设计相应的研究问题，分别单独地将问题投递到不同专家手中，征询他们的意见。在此过程中，专家只能与相关负责人进行沟通，此后回收汇总所有意见，整合后再分别反馈给专家，再次征询，如此反复 3～5 轮后，逐步取得比较一致的征询结果。

德尔菲法形成的结果通常具有广泛的代表性和较高的准确性。因为多轮的文件调查和想法表达，已经激发出了专家的具体想法，并对所涉及的大多数情况都进行设想，反复讨论和分析扬弃，那些没有实际意义或者模棱两可的意见方案早就在意见汇总过程中被删除，最后保留的结果通常是为各专家所认可的。

美国国防部就曾经在 20 世纪初期关于制订中长期的科技发展规划项目

中，先后邀请近百名科研人员组成专家组，运用德尔菲法进行了为期将近 3 周的会议。该会议的主要任务是使受邀人员针对国防部之前提出的相关科技发展规划进行具体的分析研究。而从该会议最终所得出的统一结果可以发现，最终报告中只保留了最初规划文件中 25%～30% 的意见。

　　除上述两种常用的风险识别方法，还有其他相关方法可供使用，它们的对比见表 9-1。

表 9-1　风险识别方法对比

序　号	识别方法	适用范围	适用阶段	定量 / 定性	技术工具
1	研究性文献分析法	主要适用于有大量文献资料数据作为支撑的技术项目	主要应用于项目的开发阶段	定量	知识图谱、聚类分析
2	德尔菲法	主要适用于需要创新变革的技术项目	可以应用于项目的整个生命周期	定性、定量相结合	专家咨询与评估、统计分析
3	项目结构分解法	普遍使用	主要应用于项目的开发阶段	定性、定量相结合	情景分析、最优化方法
4	故障树分析法	一般适用于技术性强、较为复杂并且直接经验较少的高新技术项目	主要应用于项目实施阶段	定性、定量分析	专家咨询与评估
5	筛选—监测—诊断技术	普遍使用	主要应用于项目实施阶段	定性分析	情景分析、最优化方法

2.科技创新风险评估

　　科技创新风险评估是在对风险识别之后的一项重要工作，是科技创新风险管理的重要部分。科技创新风险评估的目的是预防或者降低创新失败的风险，减少不必要的损失，保障技术创新变革的安全性。国内外通常都采用引入第三方评估的方式进行科技评估的工作。第三方评估可以由政府部门的相关下属单位来主导，也可以由专业科技评估机构进行。

　　风险评估对风险进行测定、测试、衡量和估算，科学、客观地分析风险发生的概率、级别、对项目的影响程度，对可能产生的风险按照潜在风险大小优先排序和整体评价，制定风险对策并选择风险控制方案。风险评估较多运用定性和定量的方法，如统计、分析、经验法、推断法等，通过历史资料和最新数据，以及被评估对象的翔实说明资料，进行风险判断。风险评估的结果可以帮助科技管理工作者认识到项目中不同风险发生的可能性和破坏性，及时进行风险处理。

3.科技创新风险处理

科技创新风险处理是风险管理的最终环节，是对已评估的项目可能产生的风险，采取风险回避、风险分散、风险转移和风险承担等相关方法，削弱或承担部分风险，使风险保持在可控的水平之下。

风险回避指的是综合考虑项目的风险性，优先选择可控的、可行性高、风险较低的技术项目，不追求极高风险、极不可控、技术水平难以达到、风险也难以分散的项目。风险回避可能会造成一些利益损失，但可以用来抵消潜在的高风险。

风险分散指的是通过风险评估和技术考量，对不同风险的项目进行组合开发，从而降低开发失败的风险，即通过低风险项目的收益来部分弥补高风险项目可能带来的潜在损失，为高风险项目提供持续开发的可能性。

风险转移指的是通过技术联盟、委托开发、对赌协议、股权融资等方式将创新风险向外转移。单独的项目团队或企业通常难以承受高技术研发的成本和风险，风险转移可以增加共担风险的主体，以此来降低个体承担的风险，使创新得以顺利进行。风险转移通常有两种类型：一类是财务风险转移，即通过科技保险、股权融资、对赌协议等来转移研发成本，避免因财务风险导致研发失败；另一类是技术风险转移，即通过联合创新、委托开发、技术联盟等来转移研发风险，避免由技术水平差距导致研发失败。

风险承担是指团队或企业在对变革创新中的风险有充分认识的基础上，选择承担风险后果。选择承担风险的原因通常有：认为风险不可避免，必须应对承受；认为风险与收益并存，高风险高回报，可以主动设置风险应对措施，寻求收益最大化。

9.2 创新能力培养

9.2.1 战略创新

制定科技创新战略是科技管理岗位的重要工作。科技创新战略是指以超越竞争对手，实现健康、快速和可持续发展为目的，以增强科技创新能力、提高综合竞争力为主要内容，制订带有全局性、根本性和长远性的规划，包括方针、愿景、目标、任务和措施等。

科技管理人员进行战略创新，可以为企业降低和防控创新风险。企业经营中存在技术风险、市场风险、投资风险等，根本原因在于不对称信息和不完全信息。需要全面深入研究企业的外部环境和内部条件。

分析外部环境时，科技管理人员需要研究所面临的机遇和挑战，明确自身发展阶段和所处行业位置，帮助企业确立科技创新目标，积极防控各种风险。同时，经过对信息进行收集、加工、处理、传递和反馈等，以及学习、接受、酝酿、决策、改进等过程的循环，可以大大减少因信息不对称和不完全所带来的不确定性。

分析内部条件时，科技管理人员需要分析企业的优劣势和核心竞争优势，为中短期科技创新活动规划提供指导，并分析预判市场前景，有助于协助企业从新技术、新产品、新工艺、新市场中找到突围方向。

情景分析是对未来预测并制定相应战略的方法。它主要通过定性分析，评估影响企业经营环境的因素及其变化，对未来发展情况进行描述，为企业的战略行动提供优先选择。

◀▪ 案例 9-2 ▪▶

A 公司在珠三角地区从事电器产品制造，发展迅猛，处于行业中上游。基于近年环境变化，A 公司利用情景分析法，得出结论：应当致力于巩固目前的核心竞争力，并不断完善，进一步发挥竞争优势。分析过程如下：

1. 外部宏观环境分析

从政治环境角度看，由于电器产品质量好坏直接影响人身安全和财产安全，因此国家采取强制性措施确保使用安全，要求企业须加强管理，规范生产，确保质量。从技术环境角度看，由于生产技术不断更新迭代，大大提高了生产效率，产品的生产周期缩短，给技术创新能力强的企业带来竞争优势。企业面临着竞争更为激烈的技术环境，需要加大研发投入，提高自身技术的先进性，不断优化产品。从社会文化环境角度看，人们的环保节能意识不断增强，对于产品安全性能的要求也不断提高，从而对产品的设计生产提出新要求。从行业环境角度看，行业内竞争比较激烈。从供需关系角度看，供大于求，卖方市场讨价还价能力较低。

2. 内部条件分析

（1）优劣势分析。A公司产品设计研发能力稳定，生产制造能力强，人员素质高，产品在行业中享有良好的声誉，有一定财务风险控制能力。但是，公司管理较为粗放，管理制度不够完善，在员工绩效评价及激励机制方面有待改进，资金抗风险能力弱。

（2）核心竞争力分析。企业的核心竞争力是产品核心价值和独特优势所在，是企业能够长期保持独特竞争优势的能力。判断企业核心竞争力可采用核心竞争力的四项要求法，这种方法是由美国管理学者巴尼在1995年提出的。他认为核心竞争力有四项要求：有价值的、稀有的、模仿和学习成本高的、不可替代的。

根据以上论述，A公司具备生产制造能力等有价值的能力，产品设计研发能力等不可替代的能力，应不断夯实基础，稳中求进，进一步发挥已有的竞争优势。

（3）资源与能力分析。1990年，美国经济学家哈梅尔和普拉哈拉德提出高标准定位法："一个组织具备相对独立的能力和竞争力，是组织战略选择的依据，即战略分析的出发点。"高标准定位法就是以行业强者为基准，将本企业的产品、技术和服务等方面的实际状况进行定量化评价和比较，分析基准企业优秀的原因，从而选取改进的最优策略。高标准定位的实质就是学习和借鉴他人先进的科技创新实践经验，找出自己的差距和不足，然后根据企业的资源和能力，确定合适的赶超战略，从而提高企业的竞争力。

但要选择企业发展战略相似的标杆企业，对企业才更具借鉴意义。如果一个企业的战略是以创新制胜，另一个是以低成本占领市场，则这两个企业相互借鉴的意义不大。

9.2.2　技术创新

企业进行科技创新，需要开展研发活动，制订相应的研发计划，实施课题制管理。企业确立研究开发课题，围绕课题建立课题组，组织、管理研究活动。

企业的主要课题来源：一是开展市场调研，通过参加各种活动了解行业发展的新趋势、新需求；二是了解客户的新需求，通过问卷调查等形式搜集最新客户对于产品的需求；三是企业主动对产品设备改进改造，通过企业科研管理部门会收集各部门的立项建议书，经过筛选、调查、分析、评估、评审等，确定具体项目。

科技管理人员在研发项目立项时，需要负责以下几项工作：一是项目立项审批和决策，通过咨询同行专家和社会中介机构，确保课题立项的可行性和科学性；二是完成课题预算编制，并进行评估评审；三是按照项目经费预算安排、课题计划进度、课题目标任务等要求，提供项目组所需的科研管理服务。

项目开展需要投入大量的时间和资源，面临着技术创新失败的风险，科技管理人员可以通过以下途径降低风险：

1. 技术预测

技术预测是指企业通过对技术现状和发展趋势的分析，选择合适的技术方向，预估将来可能的发展情况。技术预测是企业科技战略管理框架中的一项主要内容，是技术创新中不可缺少的重要方法。企业通过技术预测可以明确估计重大技术发展趋势，并据此指导制订研发计划，进而在未来的市场中占据先机。

完整的技术预测需要用系统方法综合考虑四项要素。一是定性要素，是对技术、产品、工艺进行叙述性描述，有完整的技术方案。二是定量要素，是用衡量效率和性能的计量单位去反映技术性能，包括阈值、成本、销售额等技术或经济数值。比如，材料性能优化 10 倍，成本降低到原来的 1/10。三是定时要素，是对技术指标在时间上的表达。例如，每 5 年计算机的运算速度能提高 10 倍。四是概率要素，是对机会或可能性的概述，多用数量来表示。比如，每 5 年新材料行业有 60% 的概率能提高生产效率。

2. 领先用户法

企业进行技术创新，需要积极研究和探索市场走势，捕捉到有敏锐感知的领先用户，将领先用户的创意充分融入企业的产品和服务创新中，还可与领先用户进行协同创新。领先用户法作为当代最具影响力的市场研究方法，在企业新产品开发中具有非凡意义，有助于企业尽早发现与识别未来新产品和新服务的需求信息，以领先竞争者的创新速度，达到快速、高质地推出符合用户需求的创新产品和服务的目的，增强企业的竞争能力。

但领先用户法并非在任何情况下对企业科技创新都适用，应注意特定适用条件。首先，企业提供的产品或服务应该具有"人工操作"特性，并以用户的隐含性经验为基础。其次，用户群对产品有一定了解，能够清楚地表达需求问题，这样企业才能从庞大的用户群中筛选并发现合适的领先用户。最后，在人力资源的质量和数量方面需要更高水平的投入。研究表明，管理层的支持、高技能和跨学科人员组成的研究小组、对领先用户研究的全面理解，是发挥领先用户法潜力最重要的三个条件。

9.2.3　管理创新

◀▪ 案例 9-3 ▪▶

2018 年 11 月 30 日，历经 16 年后，微软公司市值成功反超苹果，重新成为最有价值的科技企业。在纳德拉的带领下，微软市值从低于 3 000 亿美元增长到了 8 000 亿美元以上。在接手微软后，纳德拉正确识别风险挑战，有的放矢地对经营策略做出决策调整。首先，"瘦身"决策，砍掉手机业务以及给公司带来战略负担的不必要业务。其次，决策聚焦科技前沿的云技术和 AI 技术，把目光放在 Windows 业务、服务器与工具、在线服务业务、娱乐及设备业务领域，倾注更多的时间塑造微软文化。最后，开放决策。例如，跨平台开放 Office、拥抱对手 Linux 等。纳德拉的一系列正确决策在很大程度上扭转了微软长期以来的内斗文化，以更平和的方式重塑企业文化，引导组织转型，实现管理创新，最终带领这家巨型科技企业走出战略迷雾，重新寻找自我定位。所以，正确的决策不仅能够带领企业实现跨越，更能让曾经的移动互联网时代掉队者重回巅峰。

管理大师西蒙认为，管理就是决策，决策贯穿于企业管理的一切方面与全过程。[○]由此可以看出，决策在管理中的重要地位。所谓决策，就是指对所要解决的问题，在外部环境和内部条件分析的基础上，制订多个可供选择的方案，并对所选择的方案进行分析、比较和评价，从而选择最优方案的活动过程。决策分析就是帮助决策者在多元环境下进行正确决策而提供一套推理方法、逻辑步骤和具体技术，帮助决策者获得满意的行动方案。科技管理人员要全盘统筹科技项目的发展和企业未来的方向，要实现管理创新，决策分析能力显得尤为重要。

在科技创新管理的过程中，管理者面对动态变化的内外部环境，需要时刻甄别风险，做出决策。卓有成效的科技管理者懂得适时采取有效原则来分析决策，以及衡量各影响因素做出某种折中性选择，降低损失和保证最大利益。

1. 决策分析原则

（1）信息充分原则。信息必须具有准确性、时效性和全面性。通过广泛收集、分析信息，为决策提供依据。对于科技企业而言，信息收集能力往往能够影响最终的企业发展方向。

（2）系统原则。应坚持以整体最优为目标、以系统的观点分析决策对象的内部结构、运行机制及其与外部的关系。

○ 范钺，陈锐 . 管理学原理 [M]. 成都：电子科技大学出版社，2009.

（3）科学原则。要坚持定性和定量分析结合，采用科学的理论方法和先进的手段提高决策质量。

（4）可行原则。各方面的条件要可行。

（5）反馈原则。决策分析是一个动态过程，需要不断补充、修改和调整反馈信息，达到决策目标。

2. 决策分析步骤

（1）形成决策问题。在明确决策问题时，要充分理解问题的性质、特点、领域、背景和条件等，主动剖析问题产生的原因，抓主要矛盾，积极寻求解决问题的措施和方案。

（2）确定决策目标。决策目标是指决策后期望达到的结果，是决策分析过程中拟订方案、评价方案和选择方案的基准。要根据对决策目标的设想，结合实现目标的主客观条件，进行目标可行性分析，一般包括问题分析、设定目标、分析评价、修订目标、确定决策目标的过程。在设定决策目标时，要注意目标的针对性，必须明确具体约束条件等内容。

（3）拟订备选方案。这是决策目标实现的途径，要充分收集决策方案的信息，兼顾可行性与创新性，探求各种可能的方法和途径，最终形成具有实际价值的具体方案。在这一过程中，要尽可能拟订多个可行的备选方案，以应对突发状况。

（4）选择方案。根据决策目标，对多个可行备选方案进行比较、分析和评价，对比各备选方案的优劣，排列出方案的优先选择顺序，最终形成最佳方案。

（5）实施反馈。决策方案是否可行，还需要落地检验。实施选定方案后要固定复盘、回顾，针对出现的新情况、新问题，及时修正决策，确保问题能够得以解决。

3. 决策分析方法

决策分析方法主要有两类，即定性决策分析方法和定量决策分析方法。

（1）定性决策分析方法是指决策者根据经验、知识和体验，对决策对象进行分析判断的主观性决策方法。此方法多应用于确定决策目标、制定方案优劣评价标准、确定最优方案等侧重于判断的方面。常见的定性决策分析方法主要有调查方法、问题分析与预测等。[⊖]

1）调查方法。信息资料收集与整理是决策的前置工作，通常需要花费大量时间完成。调查方法是在决策过程中进行信息资料收集、整理的最常用的定性方法。如果根据调查的范围来划分，调查的方法可以分为全面调查和重点调查。前者是指搜集、整理决策问题在一定范围、一定时间内的文献资料和数据；后者是指在问题中选择重点研究对象进行专门调查。如果根据获取信息的途径来划分，调查方法还可以分为直接调查和间接调查。前者如实地考察、蹲点等，后者则有调查会、调查表等方式。[⊜]

2）问题分析与预测。在决策过程中，对决策方案进行改进，提高决策质量，可以采用问题分析与预测。问题分析技术主要有逻辑推导、统计方法等。KT 法是由凯普纳和特勒戈依提出的，用于条理化梳理问题。KT 法的基本步骤有三步：第一步，确定问题、界定问题和原因分析，即确认决策中的问题，掌握问题的实际状态、期望状态和两者之间的差距；第二步，问题诊断，通过确认问题，查明差距是什么和产生差距的时间、地点、范围；第三步，原因分析，找到产生问题的原因，对该原因进行验证分析，并且进行溯源。问题预测是指通过对事件的未来发展趋势进行主观判断，对确定决策目标乃至拟订方案均有重要作用。其中，定性预测方法主要有德尔菲法。

（2）定量决策分析方法指的是运用数学所提供的概念和处理问题的方式及技巧，对决策方案进行量化分析。定量决策分析方法的作用主要是为决策者的最终决断提供定量预测、可行性论证的科学依据。在确定型决策中，决策者可以根据已经确定的信息，采用线性规划、非线性规划、动态规划、网络分析与计划评审技术等进行运算、模拟，以得出确定结论。在不确定型决策中，通常采用"博弈"方法，来择优选择最佳方案，但实际

⊖ 贺善侃，黄德良 . 现代行政决策 [M]. 上海：上海大学出版社，2001.
⊜ 李金龙，唐皇凤 . 公共管理学基础 [M]. 上海：上海人民出版社，2008.

决策中，我们通常会选择先去获取更多有关信息，将不确定型决策转化为风险型决策，以降低决策失败的风险。风险型决策一般用期望值作为决策的准则，如最大期望收益决策准则和最小机会损失决策准则。"决策树"是最常用的定量分析方法，它是由决策点、事件点及结果点构成的树形图，其中包含方案分支和概率分支，一般选用最大收益期望值或最大效用值为决策准则。

9.2.4　文化创新

◀◀ 案例 9-4 ▶▶

中国商用飞机有限责任公司（简称中国商飞公司）作为中国民机产业的核心企业和骨干央企，肩负着自主发展中国民用航空产业、参与世界市场竞争和整体拉动中国制造业水平提升的重要使命。C919 的成功，成为"中国制造"集成化创新的代表，也使"中国商飞"品牌一飞名扬天下。中国商飞公司在发展实践中，继承"两弹一星""载人航天""航空报国"精神，融入时代特征和民用飞机的特色，倡导善于学习、勇于探索、精于集成、敢于超越的创新观，建设形成激励公司勇于开拓创新、履行神圣使命、实现科学发展的文化体系。[⊖]

为了适应变革时代的要求，持续全面创新是企业发展的最佳路径，而文化创新是实现全面创新的前提，"文化是明天的经济"，越来越多的人达成这样的共识：企业的竞争是技术的竞争，也是文化的竞争。企业文化创新包括企业价值观、指导信念、思维方式、文化环境等的创新，没有文化创新作为基础，就没有创新的氛围和环境，企业员工也就难以保持开放、创新的心态释放潜力。

1. 企业文化的内涵

企业文化是企业长期处于一定的经济、社会、文化背景下逐步形成和

⊖　诺拉 . 只为国际一流 中国商用飞机有限责任公司信息化建设之路 [J]. 中国信息界：E 制造，2012（9）：53-55.

发展起来的日趋稳定的精神文化, 同时企业以该文化为核心开展经营管理活动。企业文化通常包含企业价值观、企业道德规范、企业制度及行为规范、企业的标识物等。其中, 企业价值观是企业文化的核心。

企业文化既然是为一个企业全体成员所共享并传承给新成员的精神观念, 进行文化创新势必会遭遇来自现有企业文化的阻力, 因此, 企业文化的变革和创新必须由组织的高级管理层开展, 因为高层管理者在企业中通常起到影响上下层的作用。当高层管理者将文化创新内化为自己的信念, 并且将其落实在行动之中时, 文化创新的阻力会减弱许多, 更容易加快文化创新的进程。此外, 文化创新要注意利用非正式组织的力量。每一个企业中都会存在一些由于性格、兴趣、利益等因素相同而组成的非正式组织。这种非正式组织在企业内的影响有时并不亚于正式组织。要想保证文化创新顺利进行, 高层管理者就应该与非正式组织建立良好的关系, 与它们达成共识, 利用非正式组织来推进文化创新工作。

2. 文化创新的步骤

为了更高效地进行文化创新, 科技管理工作者可以按照以下步骤开展相关工作, 推进企业文化变革:

(1) 确立企业愿景。"共同愿景"是世界顶尖管理大师彼得·圣吉提出的概念, 他认为共同愿景是一个组织中各个成员发自内心的远大目标, 即"我们将成为什么"的前景, 是蕴藏在人们心中的一股力量。[一]例如, 迪士尼公司的企业愿景就是使公司成为世界娱乐业的领先者。

一个有效的愿景能够让组织成员产生工作激情, 调动他们的积极性, 并且愿意为愿景付出努力, 与愿景达成思想共鸣。愿景通常包括企业核心价值观、战略使命和远期发展目标, 并且是可行的、能引发共鸣的、具有激励性的, 这样的愿景才能够引领企业创新发展的方向。

(2) 分析企业文化环境。文化的创新和变革需要对现有企业文化环境进行审视。一方面, 要总结现有企业文化状况, 对企业中已存在的价值观

㊀ 晏双生, 章仁俊, 尹豪. 变革时代企业文化创新的必要性及其路径研究 [J]. 科技进步与对策, 2004, 21 (4): 69-71.

念、企业精神、道德风尚、企业制度等进行分析、评价，及时对现有文化观念进行扬弃；另一方面，要分析企业所处的宏观经济环境、行业发展周期、商业模式、竞争对手表现、市场需求变化等，寻找文化创新的方向。

（3）构建文化创新体系。通过分析企业文化环境，组织成员可以就变革创新达成共识，明确文化创新方向和变革重点，围绕所确立的愿景建立相应的企业价值观、企业道德规范、企业制度及行为规范、企业的标识物等统一文化体系。

（4）推进文化创新建设。为了将构建的文化创新体系传递和共享，应将其用简明扼要、精练确切的语言表述出来，并通过各种途径、利用各种方式宣传和强化文化创新体系，通常，采用讲故事、典礼等方式来传播新观念往往比行政命令更有效。文化创新和变革一定会遇到现有企业文化的阻力，要排除变革阻力，就要依靠组织成员的努力，因此还要激发每个组织成员的积极性和创造性。在具体实施文化创新战略过程中，必须进一步将实现员工个人发展、职业生涯规划与企业愿景统一起来，并以此作为企业文化创新的切入点。在此过程中，应按照企业愿景的要求，帮助组织成员规划职业发展方向，明确职业目标，并激发成员的内驱力，关键是在推行文化创新的同时，配置合理、科学的绩效评估和薪酬福利制度，确保文化创新不是空中楼阁。

（5）高效地进行企业文化创新和变革。为了文化创新能够高效进行，需要制订详细的实施计划，来推动各项创新优化工作，包括明确创新方向、工作目标、工作方式，责任到人，同时要配置激励计划、绩效评定标准等。等文化创新和变革工作开展到一定阶段后，应有计划、有针对性地对文化创新成果进行评价，盘点创新成果的有效性和不足之处，然后结合实际，及时进行调整、丰富和补充，进而使企业文化创新体系日渐完善。

❖ 本章小结 ❖

　　创新能力作为企业科技管理人员意识维度的重要能力，与企业发展、团队发展、个人发展息息相关。从个人而言，可以通过锻炼逆向思维，实施头脑风暴法、强化内部沟通、时刻关注风险等，培养创新习惯，提升创新能力；从企业角度而言，战略创新、技术创新、管理创新、文化创新都是锻炼团队及企业创新能力的切入点，科技管理人员均可以充分培养创新意识，为企业科技创新注入活力，从而提升企业核心竞争力。

参考文献

[1] 博伊德 . 科技企业成 MBA 新宠 [J]. 新财富，2014（7）：38-39.

[2] 蒋林浩，邓开喜，安宁，等 . 科技管理专业人才培养现状及问题探讨 [J]. 广东科技，2010，19（13）：74-78.

[3] 巩键 . 国内外的胜任力研究综述 [J]. 新西部：下旬 • 理论，2012（1）：73-75.

[4] 陈颢元 . 国内外胜任力模型研究综述 [J]. 管理观察，2012（16）：193.

[5] 明托 . 金字塔原理 [M]. 王德忠，译 . 北京：民主与建设出版社，2006.

[6] 李忠秋 . 结构思考力 [M]. 北京：电子工业出版社，2014.

[7] 杨云川，杨晶，王清晨，等 . 科技信息素养基础教程 [M]. 北京：国防工业出版社，2013.

[8] 郭致星 . 极简项目管理 [M]. 北京：机械工业出版社，2020.

[9] 范红 . 商务谈判中的语言运用技巧 [J]. 科教导刊：电子版，2014（9）：79.

[10] 林秀贤 . 让学生学会提问 [J]. 考试周刊，2013（94）：147.

[11] 汤世生 . 六顶思考帽的启示 [J].IT 经理世界，2004（1）：12.

[12] 波诺 . 六顶思考帽 [M]. 德 • 波诺思维训练中心，编译 . 北京：新华出版社，2002.

[13] 姜清奎，王贯中 . 论高校科研创新团队的建设 [J]. 湖北经济学院学报：人文社会科学版，2007（4）：177-178.

[14] 顾基发，张玲玲 . 知识管理 [M]. 北京：科学出版社，2009.

[15] 张英 . 知识管理助推教育培训改革 [J]. 中国电力企业管理，2014（9）：94-95.

[16] 广东省科学技术厅 . 广东省科学技术厅关于组织 2020 年广东省企业科技特派员项目的通知 [EB/OL].（2020-04-14）［2022-05-18］. http://gdstc.gd.cn/zwgk_n/tzgg/content/post_2972090.html.

[17] 徐若桐 . 我的知识地图 [J]. 小学生时代，2014（4）：40-41.

[18] 王振兴 . 基于知识管理的图书馆知识服务策略 [J]. 科技创新导报，2012（13）：224；226.

[19] 梁国栋 . 构建电力企业风险管理文化体系 [J]. 中国电力企业管理，2013（2）：100-102.

[20] 周燕玲 . 浅论图书馆的知识管理策略 [J]. 中国科技纵横，2011（1）：344.

[21] 张锐.海尔"人单合一"模式的管理学突破[J].金融经济，2014（1）：39-41.

[22] 方华基.创新时代的科技风险治理[D].杭州：浙江大学，2012.

[23] 范钺，陈锐.管理学原理[M].成都：电子科技大学出版社，2009.

[24] 贺善侃，黄德良.现代行政决策[M].上海：上海大学出版社，2001.

[25] 李金龙，唐皇凤.公共管理学基础[M].上海：上海人民出版社，2008.

[26] 诺拉.只为国际一流 中国商用飞机有限责任公司信息化建设之路[J].中国信息界：E制造，2012（9）：53-55.

[27] 晏双生，章仁俊，尹豪.变革时代企业文化创新的必要性及其路径研究[J].科技进步与对策，2004，21（4）：69-71.